Heintze/Lehmann

Original Haysche Trennkost

Original Haysche Trennkost

Von Dr. med. Ludwig Walb †

Überarbeitet von Dr. med. Thomas Heintze
Mit Rezepten von Peter Lehmann

Mit 1 Klapptafel und 40 Abbildungen

44., überarbeitete Auflage

HAUG

Karl F. Haug Verlag · Heidelberg

Die Deutsche Bibliothek – CIP-Einheitsaufnahme

Original Haysche Trennkost : [mit Hinweisteil für Diabetiker]
/ von Ludwig Walb. Überarb. von Thomas Heintze. Mit
Rezepten von Peter Lehmann. – 44., überarb. Aufl. –
Heidelberg : Haug, 1996
ISBN 3-7760-1432-6
NE: Walb, Ludwig; Heintze, Thomas [Bearb.]; Lehmann, Peter

17. Auflage 1967 bis 43. Auflage 1991 – Karl F. Haug Verlag GmbH & Co., Heidelberg
44. Auflage 1996

Titel-Nr. 2432 · ISBN 3-7760-1432-6
Fotograf: Reimund Dittmeyer
Satz: Filmsatz Unger & Sommer GmbH, 69469 Weinheim
Umschlaggestaltung: Inside Out, 69118 Heidelberg
Umschlagfoto: Claus Geiss
Druck: Aubin Imprimeur, F-Poitiers
Von diesem Buch sind folgende fremdsprachigen Ausgaben erschienen: Dänisch (1981), Englisch (1983), Französisch (1982), Italienisch (1981), Portugiesisch (1983).

Inhalt

Ernährungsbedingte Krankheiten verursachen über die Hälfte aller Todesfälle. Ernährungsabhängige Krankheiten verursachten 1992 direkt und indirekt Kosten von ca. 80 Mrd. DM in der Bundesrepublik Deutschland.

Vorwort

Viele Jahrtausende lang mußten sich die Menschen die tägliche Nahrung hart erarbeiten. Diese war sehr karg, aber gesund, weil naturbelassen. Sie war nicht denaturiert, nicht geschönt, nicht gebleicht, nicht „veredelt", nicht verfeinert. Nach Einführung der Dampfmaschine waren die Menschen fasziniert von der Vorstellung: Kohle rein, Kraft raus. Diese Vorstellung wurde auf die Ernährung übertragen. Wichtig erschien, wieviel Energie ein Lebensmittel enthielt. Die Ernährungslehre mit der Lehre von den Kalorien wurde geboren.

Eine Kalorie ist die Wärmemenge, die man braucht, um ein Gramm reines Wasser von 14,5 Grad auf 15,5 Grad Celsius zu erwärmen.

Mit wachsendem Wohlstand haben dann die industriell und in großen Massen erzeugten Nahrungsmittel zwar dazu geführt, daß sich die Menschen ohne Schwierigkeiten satt essen konnten, aber als Folge davon ging auch der Hungerinstinkt verloren.

Heute essen in den „entwickelten" Ländern die Menschen zu oft, zu schnell, zu viel, zuviel Fett, zuviel Eiweiß wie z. B. Fleisch und zuviel konzentrierte Kohlenhydrate. Die Nahrung ist denaturiert, entwertet, wertvoller Vitalstoffe beraubt. Dazu kommen die nicht mehr naturgemäße Lebensordnung infolge Reizüberflutung, Bewegungsarmut, Genußmittelmißbrauch und der Verlust geistig-seelischer Werte. Aus alledem, insbesondere aber aus der Fehlernährung, ergeben sich die sogenannten Zivilisationskrankheiten. Die von falscher, denaturierter Ernährung ausgehenden Störungen sind heute ungeheuerlich. Deshalb ist es dringend geboten, zu einer naturgemäßen, gesunden Ernährung zurückzufinden. Ein Weg dorthin wird in diesem Buch beschrieben. Die Haysche Trennkost als eine Form der Vollwertkost ist leicht zu verstehen und ebenso leicht durchzuführen (auch im Restaurant), dazu vielseitig und schmackhaft.

Im Laufe der letzten sechs Jahre gewann die Haysche Trennkost ungeahnte Popularität, es erschienen zahlreiche weitere Bücher über dieses Thema. Das ganz überwiegend sehr positive Echo aufgrund zahlreicher Briefe, Anrufe sowie die Anfragen von Zeitschriften nach Interviews, Bitten um Teilnahme an Fernsehsendungen unterstreichen dies. Die mittlerweile millionenfach positiven Effekte auf Gesundheit und Wohlbefinden sind schlagender Beweis der Wirksamkeit des ursprünglichen Konzepts von Dr. Hay. Ich wünsche der Hayschen Trennkost eine wissenschaftliche Untermauerung und Bestätigung der in der Praxis vielfach bewährten Erfahrungen.

Homberg/Ohm, im Frühjahr 1996 — Dr. med. *Thomas Heintze*

Dank für die Mitarbeit

Die Erweiterung des Rezeptteils erfolgte mit vereinten Kräften. So danken wir besonders den Köchinnen unseres Hauses Frau Gretel Dickel, Frau Anna Heilmann, Frau Bianca Schlote und Frau Irmtraud Weyl für ihre beliebten und bewährten Rezepte. Ebenso sind wir den Trennkostbuchautorinnen Frau Erwina Lidolt, Frau Ursula Summ und Frau Ursula Paschen für ihre Unterstützung zu Dank verpflichtet. Den Rezeptteil des Buches bereicherten Frau Ruth Knögel, Frau Barbara Böttner, Frau Inge Heller und Frau Rosi Buchholzer mit eigenen erprobten Rezepten. Frau Selma Edith Lienert hat die mühevolle Arbeit des Sammelns, Sichtens und Gestaltens übernommen. Dank für wichtige Hinweise zur Pathophysiologie gebührt Herrn Dr. Dieter Walb, Internist/Nephrologe aus Wiesbaden.

Das Vermächtnis von Dr. Hay

Der amerikanische Arzt Dr. Howard Hay litt an einer als unheilbar geltenden Krankheit, der Brightschen Nierenerkrankung, für deren Verlauf eine Eiweißausscheidung charakteristisch ist.

Während seiner Krankheit war er auf die Schriften von Robert MacCarrison gestoßen, der, in Indien stationiert, die natürlichen Heilungskräfte bei unzivilisierten Völkern im Himalaya beobachtet hatte. Dabei bemerkte er, daß diese die gängigen Zivilisationskrankheiten wie Blinddarmreizungen, Magengeschwüre, Gallensteine, Verstopfung, Dickdarmentzündungen, Gicht, Asthma und Rheuma nicht kannten. Den Grund für ihre Vitalität und Gesundheit fand er in ihrer natürlichen Ernährung und Lebensweise. Sie nahmen ausschließlich naturbelassene Nahrung zu sich, wie Gemüse, Früchte, Nüsse, Brot aus vollem Korn, Milch und Käse. Ihre tägliche Feldarbeit sorgte für ausreichend regelmäßige Bewegung. Dadurch sah sich Hay in seiner Überzeugung bestätigt:

Die einzig wahre Behandlung aller Krankheiten ist die Verhinderung ihrer Ursachen.

Er heilte seine Erkrankung mit der Umstellung seiner Ernährung unter Berücksichtigung der chemischen Nahrungsgesetze. Hay nahm nur noch naturbelassene Nahrungsmittel zu sich und davon nur soviel, wie er zur Lebenserhaltung brauchte. Er erreichte eine vollständige Heilung und damit die Zurückgewinnung seiner Arbeitskraft. Seine wiedererlangte Gesundheit verließ ihn in den folgenden 27 Jahren nicht mehr. Er starb mit 71 Jahren an den Folgen eines Unfalls.

Die Ernährung wurde nun für Dr. Hay die Basis seiner Therapiekonzepte. In seinen Büchern „A new health era“ (1933) und „How to be always well“ entwickelte Hay seine Theorie, die er durch seine eigene Gesundung und die erfolgreiche Behandlung seiner Patienten bestätigt fand.

Ein Organ benötigt zur optimalen Funktionstüchtigkeit gesunde Zellen. Hay folgerte, gesunde Zellen können nur durch richtige Ernährung aufgebaut werden. Wenn man die Bedeutung der Nahrung für den Zellaufbau voll erkannt habe und daraus die nötigen Konsequenzen ziehe, dann könne man langsam aus einem kranken einen gesünderen Körper aufbauen. Jeder Mensch habe folglich das Schicksal seiner Jugend und seines Alters in seiner eigenen Hand. Die nötige Konsequenz bestehe in einer bewußten Ernährungsumstellung. Diese Erkenntnis würde kaum Allgemeingut der Menschen werden, weil nicht jeder für eine geistige Einsicht bereit sei, aber viele würden sich freuen, wenn sie in der Lage wären, Völlegefühl und schlechtes Befinden zu verhindern, nachdem sie die Ursachen hierzu erkannt hätten. Man brauche deshalb auf keine der wirklichen Lebensfreuden zu verzichten, besonders nicht auf Tafelfreuden, denn die Nahrung könne noch viel genußreicher sein, wenn man nur die Grundbegriffe der Ernährung verstehen und die rechte Wahl in rechter Zusammenstellung treffen würde.

Aber man vergesse nicht:
Niemand kann für uns essen, niemand kann für uns verdauen.

Die große Krankheit – die Müdigkeit

„Amerika leidet an einer großen Krankheit", schreibt Hay, und zwar nicht nur deshalb, weil sie nahezu überall verbreitet ist, sondern weil ihre Auswirkungen gewaltig sind. Sie kostet Amerika mehr Geld als der Weltkrieg. Sie erzieht zur Unzufriedenheit und führt zu allen möglichen Krankheiten. Sie setzt die Tatkraft der Nation herab, stört persönliche und nationale Vorhaben aller Art und bleibt dennoch unerkannt, ungehindert, meist unbeobachtet. Wäre dieser Zustand seuchenhaft, wäre er quarantänefähig, könnte man ihm mit Operationen oder Medikamenten begegnen, dann würden große Anstrengungen gemacht, um dieses Gespenst zu vertreiben. Dieses Gespenst ist die Müdigkeit des einzelnen wie die der Gesamtheit.

Es gibt zwei Arten von Müdigkeit: die eine ist physiologischer, die andere pathologischer Art. Die eine ist das natürliche Ergebnis geistiger oder körperlicher Anstrengung, der Warnruf der Natur, daß der Körper genug Energie verbraucht hat und ruhen muß, die andere ist eine Krankheit wie Blattern oder Tuberkulose. Sie rührt nicht von Anstrengungen her, denn wir spüren sie immer.

Um zu beweisen, daß diese pathologische Müdigkeit Folge von Selbstvergiftung und heilbar ist, machte Hay mit 18 Männern im Alter von 28 bis 55 Jahren folgenden Versuch: Er ordnete ihre Kost, beließ sie aber sonst bei ihren gewohnten Nahrungsmitteln. Als Standardprobe ihrer Leistungsfähigkeit wurden Kniebeugen kontrolliert, das heißt die Zahl der Aufrichtungen aus der Hocke zum aufrechten Stand. Voraussetzung war, daß die Versuchspersonen ihre Kniebeugen nur zu den Kontrollzeiten ausübten. Die erste Woche ergab eine Besserung ihrer Leistungsfähigkeit von 50%, am Ende der vierten Woche von 165%.

Hay zieht daraus die Schlußfolgerung: „Es wird damit die unmittelbare Wirkung der Ordnung der Ernährung bewiesen, denn zweifellos ist diese ungewöhnliche Kraftsteigerung nur mit der Selbstentgiftung des Körpers zu erklären.

Ein Teil der Männer behielt diese Eßgewohnheiten bei, wodurch sie beruflich mehr leisteten und so mehr verdienten. So brachte geordnetes Essen nicht nur gesundheitliche, sondern auch finanzielle Vorteile.

Wenn unsere medizinischen Fakultäten einmal gesunde Ernährung lehren würden, wäre viel erreicht. Solange das Medizinstudium sich vorwiegend nur mit der Pathologie – dem Nachweis der Krankheit – befaßt, solange wird die Wissenschaft sich mehr mit den Symptomen als mit den Ursachen einer Krankheit befassen. Viele teure diagnostische Apparate in den Kliniken und Praxen würden überflüssig.

Über die Angst

Ißt der Mensch nach den biochemischen Gesetzen der Natur, braucht er keine Angst vor Krankheit zu haben, denn Angst ist Ursache und Ergebnis der Krankheit zugleich. Angst kann alle Funktionen lähmen, und ebenso kann Krankheit Angst erzeugen.

Angst ist eine psychosomatische Krankheitsursache. Noch häufiger ist Angst das Resultat der Krankheit, da Krankheit aller Art, ob leicht, ob schwer, Angst vor ihren Folgen verursachen kann. Ein Arzt, der 42 Jahre lang Äußerungen mit den geringsten Einzelheiten seiner Patienten gelauscht hat, bezweifelt nicht mehr, daß Gedanken über die Krankheit und die Abirrungen von der Gesundheit einen großen Raum in den Hirnen der Menschen einnehmen.

Die Angst hängt wie ein Damoklesschwert über den Menschen, denn was wir nicht verstehen, fürchten wir. Angst kann die Wangen momentan erblassen lassen und das Haar über Nacht bleichen.

Ebenso kann beständige Angst eine zunehmende Störwirkung auf alle Funktionen ausüben. Es ist wahr, wenn man sagt, daß das einzige, was man in der Welt zu fürchten habe, die Angst sei; es ist aber leider auch allzu wahr, daß unsere Angst nicht unberechtigt ist, wenn wir an die tägliche Vergiftung unseres Körpers denken.

Wieviel mehr kann ein Mensch leisten, der volles Vertrauen zu sich und seinen Fähigkeiten haben kann! In Angst zu leben, heißt unter Hemmungen zu leben, die erst nach Beseitigung voll erkannt werden. Wir lernen, körperlichen Schmerz zu ertragen, bis wir seine Anwesenheit fast vergessen; erst wenn wir von ihm erlöst sind, begreifen wir die Hemmungen, die er verursachte. Sind wir krank und müde, fürchten wir fast alles, was uns zu bedrohen scheint, und unsere Leistungsfähigkeit, Arbeits- und Lebensfreude leiden darunter, denn wir sind dadurch ohne die Würze des Lebens. Laufen unsere Körperfunktionen normal ab, dann sind wir freudig gestimmt. Wir sind unternehmungslustig, gewandt, treffen unsere Entschlüsse leicht und schnell.

Die Befreiung von der Angst liegt bei jedem selbst und bei seiner Lebensweise. Was schulden wir vor allem unseren Kindern, dem körperlichen Erbe, im Hinblick auf diese Tatsachen! Jeder Mann und jede Frau, die ohne eigene gute körperliche Grundlagen eine Familie zu gründen versuchen, fördern nicht die Entwicklung der nächsten Generationen, sondern errichten ihren Kindern vielleicht ein Hindernis, dessen Überwindung deren Lebenskraft beansprucht. Die Erbschaft einer ausgezeichneten körperlichen Widerstandskraft ist für das Kind viel mehr wert als eine Millionenerbschaft. Unsere Erbanlagen bestimmen weitgehend unsere verschiedenen Krankheiten mit, doch unsere tatsächliche Erkrankung ist unsere eigene Angelegenheit.

Familienkrankheiten

Bestimmte Krankheiten kursieren als „Familienkrankheiten“; sie treffen hauptsächlich die weniger leistungsfähigen Organe. Ähnliche Eßgewohnheiten in der Familie sind aber ein Hauptfaktor für das Zustandekommen solcher leistungsunfähiger Organe. So verschieden unsere Krankheiten auch sein mögen, ererbt oder selbst erworben, so darf man nicht vergessen, daß sie im Grunde alle Ursachen haben, die beseitigt werden müssen, ehe wir den Weg zur Gesundheit antreten können. Wenn wir uns klar darüber werden, daß wir irgendwie, irgendwann einmal dafür zahlen müssen, weil wir die Naturgesetze verletzen, dann werden wir uns eher vor Übertretung hüten.

Der Verstoß gegen Naturgesetze hat tiefgreifendere und weitgehendere Folgen als der Verstoß gegen vom Menschen geschaffene Gesetze. Es gibt da keine Ersatzstrafe durch Geldbuße, sondern jeder muß unweigerlich selbst die Strafe an seinem eigenen Körper und seiner eigenen Seele abbüßen. Die Medizin im allgemeinen, wie die Chirurgie im besonderen, ist heute oft nichts anderes, als das Verriegeln der Stalltür, nachdem das Pferd gestohlen wurde. Ist es nicht besser, eine Krankheit wie das Stehlen des Pferdes zu verhindern?

Die Natur kennt keine Günstlinge. Sie behandelt ihre Kinder alle gleich. Der Unterschied im Befinden liegt in der Verantwortung von uns selbst. Wir sollten diese Verantwortung auf uns nehmen und um Besserung kämpfen. Wir sind verloren, wenn wir an unsere Niederlage glauben.

Von den Ursachen der inneren Krankheiten

Es bleibt eine unbestreitbare Tatsache, daß Krankheiten nur die unvollkommenen Gewebe angreifen, und daß Krebs nie in einem gesunden Gewebe entsteht. Dasselbe kann von anderen Krankheiten gesagt werden. Der widerstandsfähige Körper ist Infektionen weniger ausgeliefert. Der Körper entartet nur, wenn er mit der steigenden Flut seiner Körperrückstände, den **Säureendprodukten** der Verdauung und den Giften nicht mehr fertig wird. Eine bestimmte Menge dieser Säureendprodukte entsteht als Ergebnis der Zersetzung der sterbenden Zellen, deren Rückstände sauren Charakter haben.

Weitaus größere Rückstände entstehen durch den **zu großen Eiweißverbrauch**. Der Durchschnittsamerikaner verbraucht 10mal so viel Eiweiß, wie zum Wiederaufbau benötigt wird. Das Eiweiß ist ein zu schlechter Brennstoff, um Kraft daraus zu ziehen, und es ist in jeder Hinsicht kostspielig. Essen wir nun mehr Eiweiß als wir brauchen, was wird dann aus dem unverbrauchten Teil? Wenn wir nicht genug körperlich tätig sind, können die Reste nicht völlig verbrennen. Die Eiweißreste bleiben halb verbrannt im Körper zurück, sammeln sich hauptsächlich als Harnsalze an und verwandeln sich in Harnsäuren, Xanthin, Hypoxanthin, Kreatin, Kreatinin u. a. Dies sind alles belastende Rückstände für unsere leiblichen und seelischen Funktionen. Das Übermaß an Eiweiß wirkt an erster Stelle als Ursache für frühe Erkrankungen. Körperlich Arbeitende werden mit den Rückständen eher fertig als Menschen mit sitzender Lebensweise.

Eine andere Ursache unserer Krankheiten ist zweifellos der **zu große Verbrauch von raffinierten und denaturierten Nahrungsmitteln wie Weißmehl, Zucker, raffinierte Stärke – und Zuckerformen aller Art.** Diese sind Säurebildner im höchsten Grade, denn ihre Verbrennung hinterläßt Kohlensäure im Blut. Doch haben ihre Rückstände keinen so schädigenden oder vergiftenden Charakter wie die Eiweißgruppe. Ihre Hauptgefahr liegt darin, daß sie nicht genug basische Elemente im Körper zurücklassen und so die Übersäuerung vorbereiten.

Die dritte Ursache für frühe Erkrankungen ist die **Mißachtung der Gesetze der Chemie, die die Verdauung der Nahrung regeln**. Würden diese Gesetze bei der Auswahl und erst recht bei der Zusammensetzung der Nahrung befolgt, so würde der Körper eine solche Regeneration erfahren, daß selbst die größten Skeptiker davon überzeugt würden:

Der Mensch ist, was er ißt – und was er verdaut!

Jeder Chemiker weiß, daß zur Stärkeverdauung erst der Speichel gebraucht wird. Seine Wirkung hängt aber von einem Enzym, dem Ptyalin, ab, das nur bei genügend vorhandenen Basen optimal wirken kann. Ohne Basengrundlage gibt es keine gute Ptyalin-Wirkung auf Kohlenhydrate. Ißt man also das stärkehaltige Brot oder die gekochten Kartoffeln mit sauren Früchten zusammen, dann hat man die alkalischen Vorbedingungen beseitigt, von denen das Ptyalin abhängt. Es kann daher seine Aufgabe kaum erfüllen, und die Stärke kommt unzureichend verdaut in den Magen. Da es im Magen aber kein Enzym gibt, das auf die Stärke einwirken kann, bleibt sie unverdaut und gelangt in den Dünndarm, wo sie evtl. wieder nur unzureichend verdaut wird und bei Wärme und Feuchtigkeit gären kann.

Die Verdauung der vorwiegend konzentriert eiweißhaltigen Nahrungsmittel, wie Fleisch, Fisch, Eier und Käse, hängt in erster Linie von der Wirkung des Pepsins im Magen ab. Da Pepsin nur bei vorhandener Säure optimal arbeitet, handeln wir falsch, wenn wir zu einer Eiweißmahlzeit reichlich Kohlenhydrate essen, denn die Stärkemehle verlangen Basen und die Eiweißstoffe verlangen Säuren zur optimalen Verdauung. Beides zur gleichen Zeit kann der Magen nicht auf bestmögliche Weise verdauen, denn keine Flüssigkeit kann zur gleichen Zeit basisch und sauer sein, so wenig wie ein Zimmer zur gleichen Zeit hell und dunkel sein kann. Hätten wir nicht noch Alkalireserven im Körper, um die sich bildenden Säuren zu binden, so würden wir nicht lange genug leben, um unser Testament machen zu können. Die Säure ist im Körper unduldsam, und wenn sie sich bildet, müssen immer in den Zellen und Geweben freie Basen vorhanden sein, welche die Säure binden, sonst erleiden wir schweren Schaden. Das bedeutet, daß die funktionelle Aktivität im genauen Verhältnis zu unserer Alkalireserve steht. Alles, was unsere Basenreserven erschöpft, erschöpft auch unsere funktionelle Aktivität, was unsere Gesundheit bedeutet. Je weniger Säuren wir bilden, um so weniger Basen werden von der Reserve gebraucht und um so besser wird unser Körper funktionieren.

Das richtige Verhältnis von säurebildender zu basenbildender Nahrung beträgt 2 zu 8.

Das heißt, daß nur der kleinste Teil unserer täglichen Nahrungsmittel aus Brot, Stärke, Fleisch, Eiern, Käse usw. bestehen sollte; und doch ißt man täglich umgekehrt. Die konzentrierte Nahrung überwiegt auf den meisten Tischen, zu Hause wie in den Gasthäusern. Vier Fünftel der tagtäglichen Nahrung sollten aus Basenbildnern bestehen, aus möglichst rohen Gemüsen, Salaten, frischen Früchten u. ä. Mit diesen kann entweder Butter oder Milch kombiniert werden, weil die Milch weder Säuren noch Basen bildet. Milch verträgt sich nicht mit konzentrierten Nahrungsmitteln und sollte darum nur mit basenbildenden Salaten und Früchten genossen werden.

Säugling und Kleinkind

Jedes normal geborene Kind kann sich zu einem vollkommenen Erwachsenen entwickeln, wenn das Kind nach der Geburt richtig ernährt wird. Die Nahrung ist es, die den Zustand nach der Geburt weitgehend bestimmt und ob das Kind schon früh stirbt oder ein hohes Alter erreichen wird. Es hängen mehr Mangelerscheinungen bei Kindern von falscher Ernährung ab als von einer anderen Ursache, und zwar erstens von Überfütterung und falscher Zusammensetzung der Nahrung, zweitens von Zuführung denaturierter Stärke und Zucker vor der Zahnentwicklung. Diese bringen die Ernährung aus dem Gleichgewicht und verursachen sowohl Überfluß- als auch Mangelerscheinungen. Die Gewohnheit, denaturierte Stärkemehlnahrung zu geben, ehe die Zähne des Säuglings alle da sind, ist eine der Hauptursachen der häufigen Gärungsdyspepsien, an denen Kinder oft leiden. Die galligen Anfälle, die Appetitlosigkeit, das saure Aufstoßen, die Hautausschläge, die Reizbarkeit und das Bettnässen sind Anzeichen frühzeitiger Bildung von Säure. So ist das heranwachsende Kind schon mit zwei Jahren völlig übersäuert.

Muttermilch ist das Beste für den Säugling!

Wenn das Kind sechs Monate alt ist, kann man zerkleinertes Gemüse, zum Beispiel Spinat, Rüben, rote Rüben, Karotten, Sellerie, sogar Weißkraut, dazu geben. Das Gemüsepüree soll in kleinen Mengen gegeben werden; falls das Kind es gut verträgt, erhöht man bis zu einem oder sogar bis zu zwei Eßlöffel täglich in derselben Weise, wie man entsprechend dem Wachsen des Kindes die Milch vermehrt. Ebenso fügt man Früchte verschiedener Art hinzu, wie reife rohe Tomaten, die so gut wie Orangensaft sind. Geschälte Äpfel kann man frühzeitig geben, vielleicht so früh wie Gemüsepüree, aber Orangensaft sollte man vor allem nehmen wegen der wasserlöslichen Vitamine, die zum Wachstum und zur Entwicklung nötig sind.

Darüber hinaus sollte man die Vorteile des täglichen Sonnenbades nicht außer acht lassen. Auch bei kaltem Wetter soll das Kleinkind, warm eingepackt, in die frische Luft und an die Sonne, um zu schlafen. Mit dem weiteren Wachsen ist alles, was für den Erwachsenen gut ist, auch für das Kind von über zwei Jahren gut, denn die Bedürfnisse sind dieselben.

Die Umschulung auf diese Trennkost müßte beim Kleinkind anfangen; manche Kinder haben die Eßsitten ihrer Eltern korrigiert. Kalk und Silikate fehlen im raffinierten Mehl und sind dabei so wichtig für die Zähne. Wenn viele nach Vollkorn- oder Grahambrot fragen und naturbelassene Nahrungsmittel verlangen, werden sich Gaststätten und Nahrungsmittelindustrie sowie die Erzeuger auf diese Geschmacksrichtung einstellen. Die Trennung der Speisen kann man sich zum Beispiel im Hotel nach den Trennkostrichtlinien selbst zusammenstellen.

Über den Sport

Die Menschen brauchen den Wechsel von Arbeit, Sport, Spiel und Ruhe, um innerlich rein zu bleiben. Jeder Sport ist bis zum Ermüdungspunkt segensvoll. Sport bis zur Übermüdung schadet, weil er unseren Vergiftungszustand verschlimmert, indem er noch mehr Säurerückstände in einem Körper, der mit diesen Substanzen bereits überladen ist, erzeugt. Durch allmählich gesteigerten Sport, der die Übermüdung verhindert, sollen wir die Kräfte stählen, so wie Milo aus der griechischen Sage jeden Tag ein kleines Kalb um das Stadion von Athen getragen haben soll. Mit dem Wachsen des Kalbes wurde auch Milos Fähigkeit, es zu tragen, größer und als es schon ein Bulle war, konnte er es immer noch um das Stadion tragen.

Wer zu seinem Sport Gewicht benötigt, richte immer seine Leistung auf die Hälfte oder nicht mehr als dreiviertel seiner gegenwärtigen Fähigkeit ein. Dadurch werden seine Kräfte und Ausdauer erhöht.

Trennkost und Gewichtsverlust

Beginnt man als Erwachsener die Trennkost, so gibt es dabei zuerst einen Gewichtsverlust, da der Körperhaushalt von den früheren Säureüberschüssen gereinigt wird. Aber das ist nur eine korrigierende Maßnahme, die der Körper durchmachen muß, ehe eine Besserung eintreten kann. Das letzte Ergebnis wird eine Gewichtszunahme bei Untergewichtigen und eine Gewichtsabnahme bei Fettleibigen sein. Die Neigung des Körpers geht immer nach dem Normalen, wenn der Säureüberschuß im Körper aufgehoben und die Funktion normal wird. Das ist ja auch ein inbrünstiger Wunsch der Dünnen und der Dicken; denn beide Zustände sind Bestätigung abnormer chemischer Körperzustände. Wenn für unser Empfinden die Sonne heller scheint, die Vögel süßer singen, der Tag ohne die täglichen Störungen vergeht, die frühere Ermüdung weicht, dann sind wir auf dem richtigen Weg.

Die Wirkung der Nahrung auf den Geist

Das Gehirn ist das große Reflexzentrum, von dem alle Nerven ausstrahlen, die die Bewegungen und Empfindungen kontrollieren. Und da das Gehirn in der Versorgung mit Blut und Sauerstoff vom Körper abhängig ist, so muß es auch von dem abhängig sein, was wir essen. Ein mit Säure beladenes Blut ist sicher nicht imstande, funktionelle Höchstleistungen zu vollbringen. Übersäuerung kann das Gehirn so belasten, daß ein klares Denken unmöglich ist, und selbst Zustände tiefer Schlafsucht kommen, wie wir oft feststellen, von chronischen Vergiftungserscheinungen. Die Kennzeichen der Schwächung des Gehirns sind langsames Denken, schlechte Urteilskraft, Gedächtnisschwäche, mangelndes Konzentrationsvermögen; insbesonders letzteres ist sicher eines der bezeichnendsten Merkmale.

Einer der frappierendsten Fälle ist der des Prof. Rob. G. Jackson, der mit 49 Jahren an einer Schrumpfniere erkrankte. Er hatte Bluthochdruck, Arterienverkalkung, Doppelglaukom (grüner Star), Blutung in einem Augenhintergrund, wodurch er die Sehfähigkeit ganz verloren hatte, Neuritis und Arthritis, was ihn fünf Jahre zu einem Krüppel machte. Er beschritt den vorgeschriebenen Weg des Essens; das besserte seine Gesundheit von Jahr zu Jahr. Er kam mit 75 Jahren noch gut in Form, wurde muskulös und konnte jeden Tag zehn Meilen gehen, aufrecht wie ein Soldat, anstatt gebückt wie früher, und erreichte wieder vollkommene Sehfähigkeit. Die Geschichte Prof. Jacksons, der Professor an einer Hochschule in Philadelphia war, ist deshalb besonders bemerkenswert, weil er aus einer Familie stammte, in der das älteste Mitglied nur 43 Jahre alt wurde und alle an demselben Leiden dahinsiechten, von dem er selbst befallen war.

Geistesarbeiter sollen die Wirkung der Trennkost mit Rücksicht auf ihr Studium und ihre Leistungsfähigkeit besonders beachten. (Verbesserte Eßgewohnheiten, ein zweckmäßiges und naturgemäßes Essen sollte man nicht Diät nennen.) An der Entsäuerung des Körpers nimmt auch das Gehirn teil. Die geistige Leistungsfähigkeit steigert sich. Wenn sich nach längerem Fasten der Körper von seinen Schlacken befreit hat, wird der Geist lebendiger. Einige der größten geistigen Taten sind bei längerem Fasten vollbracht worden, und ein hoher Grad geistiger Leistungsfähigkeit wurde nach dem Fasten lange Zeit beobachtet. Sicherlich wissen wir wenig von unseren geistigen Fähigkeiten, ehe wir nicht das Gehirn mit einem reinen Blutstrom versorgt haben.

Die alten Philosophen Griechenlands lehrten ihre Schüler zuerst die reine Diät und sie übten so strenge Enthaltsamkeit, daß daraus deutlich wird, welche Bedeutung sie diesen Maßnahmen für ihre Philosophie beigemessen haben. Epikur, Sokrates, Plato und andere legten viel Wert auf richtige Ernährung, ja sie betrachteten sie als die Grundbedingung für ihre Philosophie und sie erprobten, was sie predigten.

Die meisten wertvollen Dinge des Lebens, die Dinge, die andere geistig erhoben haben, die als große Werte jahrhundertelang bestanden, wurden von Menschen vollbracht, die ihr Werk vor eitle Vergnügungen stellten. Man wird unter allen diesen Großen keinen Schwelger finden. Schwelgen und klares Denken vertragen sich nicht.

Ernährung sollte eine Wissenschaft sein. Von ihr hängt so viel ab für Leistungsfähigkeit, Gesundheit, Glück, Vollendung, daß es zur frühzeitigen Gewöhnung an naturgemäße Ernährung genug Grund gibt. Das Wichtigste ist aber, das Ausmaß der Anhäufung von Säurerückständen im Körper zu beachten und festzustellen, wie weit sich der Körper dadurch von der normalen Leistungsfähigkeit entfernte. Dann ist es für die asthmatischen und tuberkulösen Patienten nicht mehr nötig, höhere und trockenere klimatische Zonen aufzusuchen, denn ihre Wiedergenesung ist eine Frage sorgfältiger Entgiftung und einer Ernährungskorrektur, die die Bildung von Säureendprodukten begrenzt.

Niemand kann für uns essen, niemand für uns verdauen, niemand kann unsere Nahrung aufnehmen, assimilieren und verwandeln, den Abfall ausscheiden, außer wir selbst; darum liegt die tägliche Körpererneuerung an uns und an niemand sonst in der Welt.

Sehr oft sind wir selbst schuldig, wenn wir uns nicht wohl fühlen. Die Gesundheit ist ein weitgehend kontrollierbarer Zustand. Wenn Körper und Geist in Übereinstimmung leben, erleichtert dies seelische Entwicklungen.

Stoffwechselvorgänge und Ernährung

Es ist beeindruckend, wie aktuell Hays Gedanken über Gesundheit und Ernährung heute noch sind.

Meine eigenen therapeutischen Erfahrungen, die ich über 40 Jahre in Praxis und Klinik machen konnte, bestätigen sie.

In den hochentwickelten Industrieländern sind die ernährungsbedingten Krankheiten wie Übergewicht, Herzinfarkte, erhöhter Blutdruck, Arteriosklerose usw. seit Beginn der Jahrhundertwende stark angestiegen. Die seuchenhaften Erkrankungen spielen gegenüber früheren Zeiten kaum noch eine Rolle. Dafür leiden und sterben die Menschen heute an Krankheiten, von denen man früher nicht sprach. Die meisten alten Menschen sterben an Gefäßkrankheiten, die heute als Seuche der Zivilisation bezeichnet werden.

In dem Buch „Wo stehen wir heute" sagt Frank Thies folgendes: „Über die Zunahme der Entartungskrankheiten wissen Ärzte zu berichten: falsche Ernährung, wertlose Speisen, Verweichlichung des Körpers, Spirituosen, Drogen, chemische Hilfsmittel zur Aufputschung der Energie, Mangel an Sauerstoff, fehlende Abhärtung, man wandert nicht mehr, man fährt. Die Lebensgewohnheiten des Menschen haben sich den durch die Technik geschaffenen Bequemlichkeiten angeglichen und einen wahren Glaubensfanatismus an das Künstliche, Synthetische, Erfundene und Erdachte erzeugt. Die Verkünstlichung unserer Existenz dürfte schwer zu überbieten sein, dennoch wird man wahrscheinlich versuchen, sie noch weiter überbieten zu wollen, weil alles dahin drängt, der Natur zu beweisen, daß sie unrentabel und mit geringem Nutzeffekt arbeitet. Während es also einerseits gelang, gefährliche Epidemien zu beherrschen, sterben heute zahllose Menschen unseres Volkes bereits im besten und leistungsfähigsten Alter an Herzinfarkten und Bluthochdruck als Folge übermäßiger und falscher Ernährung."

Das Bemühen, vorsichtiger zu leben, läßt sich an der großen Zahl von Bürgern erkennen, welche nach einer Diät leben. Die internationalen Möglichkeiten, essen zu können, was erreichbar ist und was gut schmeckt, verführen eher zu einem üppigen als zu einem eingeschränkten Essen. Erst durch Notwendigkeit und ärztliche Ratschläge wird eine Diät eingenommen, die man vielleicht zuvor belächelte.

Die Ärzte ihrerseits, die bis dahin oft wenig mit Diät zu tun hatten und sich nur oberflächlich damit befaßten, kommen nicht mehr umhin, ihre eigene oder die Ernährung ihrer Patienten zu korrigieren. Die Vielzahl der Diätformen ist verwirrend. Es gibt heute immerhin soviele Diäten wie Organe und Erkrankungen.

An dieser Stelle nur eine kleine Auslese:

1. Diät bei Krankheiten des Magens und Darms
2. Diät bei Herzkrankheiten und Kreislaufstörungen
3. Diät bei Erkrankungen der Niere und der Harnwege
4. Diät mit roher und vegetarischer Kost
5. Diät für Gichtkranke
6. Diät bei Zuckerkrankheit
7. Diät bei Erkrankungen der Leber und der Gallenblase
8. Diät bei Fettsucht
9. Diät für den Säugling in gesunden und in kranken Tagen
10. Diät für Fieberkranke und Genesende (Schonkost)
11. Diät bei Rheumatismus, Migräne
12. Diät bei Asthma bronchiale und Lungenemphysem

Man kann diese Liste beliebig verlängern, von den Diäten zum Schlankwerden und von vielen anderen „Zweckdiäten" ganz zu schweigen. So bleibt auch dem Arzt nichts anderes übrig, als sich mit der Korrektur der allgemein üblichen Vollkost zu befassen, sei es nun prophylaktisch oder zu Heilmaßnahmen.

Der hastige Mensch ißt meist zu viel, zu schwer, zu oft und zu schnell. Erwin Baelz, der Leibarzt des japanischen Kaisers war, berichtete, daß seine Rikschafahrer mit einer Handvoll Reis ihn spielend über Berge und Höhen ans Ziel brachten, während ihre Leistung sehr schnell nachließ, als er sie mit Fleisch ernährte. Er folgerte daraus, daß die Leistung weitgehend von der Ernährung abhängt. Meerschweinchen, denen man die übliche Nahrung: Hafer, Karotten, Heu und Wasser nur gekocht verfütterte, gingen rasch zugrunde an Zahnfäule, Kieferverbiegung, Knochenerweichung und starben zum größten Teil an Krebs. Daraus sollte man die Schlußfolgerung ziehen, daß auch ein großer Teil der Nahrung in ungekochter Form genossen werden muß.

1. Eine Ernährung und Diät müßte also prinzipiell vollwertig sein, den Gesunden nicht überernähren und den Kranken nicht unterernähren.

2. Sie müßte durch genügend ungekochtes Gemüse ergänzt werden, denn einseitige Kochkost führt zu Mangelerkrankungen.

Gerade der chronisch Kranke muß häufig eine Diät jahrelang durchführen. Sie sollte den Kranken nicht schwächen, sondern ihm die Leistungsfähigkeit und Gesundheit nach Möglichkeit zurückbringen. Seine Diät müßte auch im Restaurant durchführbar sein und deshalb nicht zu sehr von der üblichen Kost abweichen.

Diesen Grundsätzen entspricht die Haysche Trennkost.

Stören wir längere Zeit das Säure-Basen-Gleichgewicht, entsteht eine Azidose (= Übersäuerung) oder Alkalose (= Verschiebung in den basischen Bereich). Sander stellte fest, daß alle schweren Erkrankungen von einer latenten Gewebsübersäuerung begleitet sind. Diabetes mellitus, Rheuma, Arthritis usw. sind einige Beispiele dafür. Hay sagt: „Wir erkranken, weil wir nicht die natürliche Widerstandskraft gegen Säurerückstände, Bazillen und Nervenerschöpfung haben.“ Amerikanische Forscher haben experimentell bewiesen, daß Stoffwechselfaktoren die antibakterielle Aktivität der Lunge hemmen.

Alle Vorgänge sowohl der humoralen (im Blut) als auch der zellulären Abwehr werden durch den Ernährungszustand des Gesamtorganismus entscheidend beeinflußt. Die erste Stufe der Nutzbarmachung von Nahrungsmitteln, sowohl für die Energieproduktion als auch für andere Zwecke, besteht in einer hydrolytischen Spaltung (Spaltung einer chemischen Verbindung durch Wasser unter Mithilfe von Enzymen) der Makromoleküle des Nahrungsmittels zu kleinen Bausteinen. Proteine werden zu Aminosäuren, Kohlenhydrate zu Hexosen, Fette zu Glyzerin und Fettsäuren, Nukleinsäuren zu den entsprechenden Basen, Pentosen und Phosphaten abgebaut. Biologisch ausgedrückt werden die Nahrungsmittel durch die Verdauung löslich gemacht, eine Vorbedingung für die Resorption (= Aufnahme) durch den Darm. Prozesse, die der Verdauung im Darm sehr ähnlich sind, kommen auch in den meisten Geweben vor, wenn Reservestoffe zur Energieproduktion mobilisiert werden, oder wenn geschädigte Gewebe der „Autolyse“ unterliegen, d.h. sich selbst auflösen. Die Verdauung wird durch die kombinierte Tätigkeit vieler spezifischer Enzyme bewirkt, von denen jedes einzelne die Hydrolyse (= das Löslichmachen in Wasser) einer Verbindung oder einer Anzahl eng verwandter Verbindungen besorgt. Bei langdauernden Ernährungsfehlern und damit chronisch chemischen Reizen können Zellen entarten.

Die Geschwindigkeit aller Stoffwechselleistungen in der Zelle wird primär durch den Zellkern gesteuert, einschließlich der Kernteilung und aller Wachstumsvorgänge. Die Enzymaktivität des Zellkerns ist nicht konstant, sondern sie variiert mit dem Alter der Zelle, und was außerdem wichtig ist, sie läßt sich durch äußere Einflüsse verändern. Es gibt keine Konstante des Zellkerns und seiner Bestandteile, der Chromosomen, der Gene, der Erbanlagen; sie alle sind im Laufe des Lebens durch äußere Einflüsse veränderlich.

Eine gesteuerte Nahrung kann durch eine Beeinflussung des Zellmilieus die genetischen Strukturen des Zellkerns daher durchaus schützen. Bei der Krebsentstehung kommt erworbenen Veränderungen im genetischen Code der Zelle eine Schlüsselrolle zu.

Die Nukleinsäuren beanspruchen unter den Zellbestandteilen besonderes Interesse, da sie eine grundlegende Rolle bei der Zellteilung spielen, ebenso beim Wachstum und bei der Proteinsynthese (= Bau der Eiweiße).

In den kleinsten chemischen Fabriken, in den Mitochondrien, wird die Oxydation des Stoffwechsels zu Ende geführt und Energie in Form von Adenosintriphosphat gespeichert und damit mechanische Energie für die Muskelzellen und elektrische Energie für unsere Nervenzellen freigegeben. Das Leistungsvermögen der Niere, Ammoniak zu bilden, ist aber häufig durch den verminderten Kapillardruck bei dem geschädigten Kreislauf mehr oder minder herabgesetzt. Hierdurch kann es zu einer Übersäuerung und zu einem Absinken der Alkalireserve kommen. Bei der Untersuchung Rheumakranker, die sich mit der üblichen Mischkost ernährten, im Gegensatz zu denen, die Trennkost zu sich nahmen, konnten wir durch Kontrolle des Säure-Basen-Haushaltes die bessere Stoffwechsellage der Patienten, die Trennkost zu sich nahmen, chemisch nachweisen.

Der geordnete Ablauf der Lebensvorgänge, einschließlich normalen Wachstums, ist an die im Durchschnitt konstante Zusammensetzung des Blutes gebunden, die sich unter anderem darin äußert, daß die Anzahl der freien Wasserstoffionen (Säure-Basen-Status), ein gleichmäßiger osmotischer Druck (Isotonie) und die Zusammensetzung der Anionen und Kationen (Isoionie) vom gesunden Organismus genau überwacht und Änderungen dieser Stellgrößen sofort korrigiert werden.

Blattgrün und Hämoglobin unterscheiden sich nur durch ein Magnesiummolekül in der Strukturformel.

Selye und schweizer Forscher wiesen darauf hin, daß durch Ernährungsumstellung sklerotisch verdichtete und veränderte Gefäßwände sich normalisieren können. Neuere Forschungen von Ornish (USA) bestätigen dies.

Forschungsergebnisse von Krone aus dem Max-Planck-Institut konnten sicherstellen, daß durch Ernährung der Stoffwechsel der Zellen sowohl in einem negativen als auch in einem positiven Sinne geändert werden kann.

Herbert M. Shelton beschreibt in dem zweiten Band seines Buches „The Hygienic System" (Das Gesundheitssystem) die Arbeiten des Arztes Arthur Cason, deren Ergebnisse 1945 veröffentlicht wurden. Arthur Cason hatte mit seinen Mitarbeitern Experimente durchgeführt, die bewiesen, daß die Verdauung verzögert, ja sogar verhindert wird, wenn bei einer Mahlzeit Eiweiß und Kohlenhydrate in konzentrierter Form zusammen gegessen werden.

Er notierte die Verdauungsgeschwindigkeit und analysierte die Ausscheidungen bei Kontrolluntersuchungen. Dabei stellte er immer wieder fest, daß sich die Eiweißverdauung im Magen verzögerte, wenn zur gleichen Zeit stärkehaltige Nahrung aufgenommen wurde.

Das Ausmaß der Verzögerung war je nach Person und nach Art des verzehrten Eiweißes oder der verzehrten Stärke verschieden. Die Stuhluntersuchung zeigte eindeutig unverdaute Stärkekörnchen und ebenso unverdaute Eiweißstückchen, auch Fasern. Wurde bei einer Mahlzeit überwiegend Stärke oder überwiegend Eiweiß aufgenommen, waren im Stuhl keine unverdauten Stärkekörnchen und Eiweißstückchen. Damit hatte er bewiesen, daß die Nahrung bei richtiger Kombination vollständig abgebaut und vom Körper absorbiert und ausgewertet wird.

Der russische Physiologe und Nobelpreisträger Iwan Pawlow führte Experimente mit Hunden durch, die den Wirkmechanismus der Trennkost eindrucksvoll untermauern. Pawlow fütterte die Hunde einmal mit kohlenhydratreicher Nahrung, welche den Hundemagen in relativ kurzer Zeit, nämlich in eineinhalb Stunden oder weniger passierte. Vollkornbrot wird schneller verdaut als Weißbrot. Proteinreiche Nahrung, Hackfleisch, passiert den Magen in durchschnittlich vier Stunden. Wurde jedoch Fleisch zusammen mit kohlenhydratreichen Lebensmitteln verfüttert, wurde die Verdauung erheblich verlängert und benötigte im Mittel acht und mehr Stunden, um den Magen zu passieren.

Dieses Pawlowsche Laborexperiment wurde von dem englischen Arzt Dr. Picton 1931 publiziert. Picton meinte, daß die verlängerte Magenpassagezeit zu Verzögerungen der Verdauung im gesamten Magen-Darm-Trakt führen könne. Daraus ergab sich seine Schlußfolgerung, daß die Mischung von kohlenhydratreicher und proteinreicher Nahrung, wie beispielsweise Fleisch und Brot, eine Verstopfung begünstigt. Hingegen ergibt die Trennung von eiweißreicher und kohlenhydratreicher Nahrung keinen solchen Effekt. Die von Dr. Picton an seinen Patienten durchgeführten Studien stützen diese Vermutung.

Histamin ist ein Stoff, welcher aus bestimmten körpereigenen weißen Blutkörperchen bei allergischen Reaktionen ausgeschüttet wird. Histaminase ist das Enzym, welches den Wirkstoff Histamin abbaut. Der Verbrauch an Histaminase stieg bei Kombinationen von eiweiß- und kohlenhydratreicher Kost gegenüber trennkostgerechten Mahlzeiten an. Dies ist wiederum ein klarer Hinweis darauf, daß Trennkostmahlzeiten bekömmlicher sind, dabei allergische Reaktionen seltener auftreten und weniger stark ausgeprägt sind.

Die Zeit, welche die Nahrung braucht, um den Verdauungstrakt zu passieren, kann bei Zivilisationskost bis zu fünf Tagen betragen anstelle der 24 Stunden bei natürlicher Ernährung. Viele Menschen glauben, weil sie täglich Stuhl haben, hätten sie keine Verstopfung. Der tägliche Stuhlgang kann aber darüber hinwegtäuschen, daß der Stuhl mehrere Tage im Darm liegt. Sie können Ihre eigene Passagezeit ermitteln, indem Sie Spinat (färbt den Stuhl grün) oder Rote Bete (färbt den Stuhl rötlich) essen. Probieren Sie es einmal aus.

Alle nervösen, hormonalen und fermentativen Regulationsvorgänge sind von der normalen Zusammensetzung des Blutes abhängig, welches eine zentrale physiologische Bedeutung hat. Die heute in allen Kulturländern ganz allgemein übliche Nahrung bietet keine Gewähr für einen ausgeglichenen Blutchemismus als erste Voraussetzung eines guten Gesundheitszustandes. Bei dem Streß der heutigen Zeit, der Hast, die die Menschen selbst verursachen, spielt die sogenannte vegetative Dystonie eine weit größere Rolle als je zuvor. Diese wiederum bedingt Krankheiten und funktionelle Organstörungen, auch der Verdauungsorgane. Es wird darum auf die Dauer gesehen nicht gleichgültig sein, was und wie man ißt.

Nach Pischinger bilden Bindegewebe, Kapillaren, Lymphkapillaren und vegetatives Endnetz eine Funktionseinheit. Elektronenmikroskopische Untersuchungen ergaben, daß die vegetativen Endfasern nicht in der Zelle, sondern im Interzellularraum enden. So ist es auch erklärlich, daß bei Messungen der elektrischen Hautwiderstände nach Croon elektrische Veränderungen bei Patienten konstant und reproduzierbar nachweisbar sind, wenn sich die Stoffwechsellage ändert. Die moderne Forschung an den Hochschulen schenkt diesen Beobachtungen immer mehr Interesse.

Entscheidend ist, daß wir möglichst die Nährstoffe in ihrem natürlichen Verband lassen. Die **Trennkost** hat prophylaktische Eigenschaften, die Stoffwechsel und vegetatives Gleichgewicht günstig beeinflussen. Sie unterstützt therapeutische und physikalische Maßnahmen und bietet in der Rehabilitation und in der Geriatrie eine gute Hilfe.

Bei Krankheitsformen, die medikamentös schwer oder gar nicht zu beeinflussen sind, kann es zu Besserung oder Heilung kommen, wenn man dem Körper eine Nahrung zuführt, die der Chemie des Körpers entspricht.

Bei Sportlern steigert Trennkost die Leistung und verkürzt die Erholungsphasen.

Über den Säure-Basen-Haushalt

Grundsätzlich können die Säuren und Basen dem Körper von außen zugeführt oder im Rahmen der Verstoffwechselung im Körper selbst gebildet werden. Sowohl die von außen zugeführten als auch die selbst gebildeten Säuren und Basen gehen in die Bilanz des Organismus ein. Da die Funktion der körpereigenen Regelmechanismen nur dann gewährleistet ist, wenn zwischen Säuren und Basen ein harmonisches Gleichgewicht besteht, verfügt er über bestimmte Regelmechanismen (Puffersysteme), die Störungen immer wieder ausgleichen. Trotzdem können nach Dr. Hay bestimmte Faktoren unseren Organismus derart belasten, daß die Pufferfunktion nicht mehr ausreicht. Neben einer unnatürlichen Lebensweise kann eine ungünstige Art der Ernährung sich in diesem Sinne auswirken.

Dr. Hay bezeichnete Lebensmittel als „Säurebildner", weil daraus im Rahmen der Verstoffwechselung Säuren entstehen. Andere wurden von ihm „Basenbildner" genannt, da sich im Rahmen des Metabolismus daraus Basen ergeben. Übereinstimmung herrscht in der Literatur darüber, daß erhitzte Lebensmittel eher säurebildend sind als rohe. Die folgende Tabelle gibt einen Überblick darüber, wie sich verschiedene Lebensmittel auf den Säure-Basen-Haushalt auswirken.

Einteilung der Lebensmittelgruppen in Säure- und Basenbildner (zusammengestellt nach dem Mineralstoff- und Wassergehalt, Urin-pH-Wert und anderen Kriterien:

1. Stark säurebildend sind Fleisch, Wurst, Fisch, Eier, Käse, Süßwaren, Weißmehlprodukte, Alkohol und Kaffee.
2. Schwach säurebildend sind Quark, Sahne, Nüsse und Vollkornprodukte.
3. Schwach basenbildend sind Trockenobst, Rohmilch und Pilze.
4. Stark basenbildend sind Gemüse, frisches Obst, Kartoffeln und Blattsalate.

Sowohl eiweißreiche als auch kohlenhydratreiche Lebensmittel wirken säurebildend. Tierische Lebensmittel sind in besonderem Maße säurebildend, hingegen pflanzliche Lebensmittel wie Obst, Gemüse und Salate basenbildend. Die Urin-pH-Werte von Vegetariern sind nachweislich basischer als die Urin-pH-Werte von

Mischköstlern, die auch Fleisch und Fisch essen. Die basenbildende Wirkung der Salate, Gemüse und des Obstes wird auf den hohen Gehalt an den Mineralstoffen Kalium, Calcium, Magnesium und Natrium zurückgeführt. Umfangreiche Studien zeigten, daß Vegetarier gesünder sind als Fleischesser. Sie haben seltener Krebs, weniger Herzinfarkte und viel bessere Blutfettwerte, haben weniger Schmerzen, suchen seltener Ärzte auf und brauchen weniger Medikamente. Die Natur bietet uns entweder Lebensmittel, die aus überwiegend Eiweiß oder aus überwiegend Kohlenhydraten bestehen. Lediglich wenige Ausnahmen, wie z. B. Bohnen und Erbsen enthalten beides in hohem Ausmaß. Eine dritte Gruppe von Lebensmitteln enthält weder viel Proteine noch viele Kohlenhydrate. Diese Gruppe wurde deshalb von Dr. Hay als neutral eingestuft. Hierzu gehören z. B. pflanzliche Fette und Öle, tierische Fette, gesäuerte Milchprodukte und Käse mit mehr als 60% i. T. sowie Gemüse, Salat, Nüsse und Gewürze.

Zu den überwiegend Eiweiß enthaltenden Nahrungsmitteln gehören Fleisch, Fisch, Meeresfrüchte, ungesäuerte Milch und Käse bis 50% i. T.

Zu den vorwiegend Kohlenhydrate (Stärke und Zucker) enthaltenden Lebensmitteln gehören Vollkorn, Getreidevollkorn, Mehlvollkorn, Nudelvollkorn, Brot, Kartoffeln, Naturreis und Pelangur sowie die überwiegend zuckerhaltigen Lebensmittel wie Bienenhonig, Datteln und Feigen.

Wie geht unser Körper mit den Säuren um, die von ihm gebildet werden?

Aus der Verstoffwechselung kohlenhydratreicher Lebensmittel fällt reichlich Kohlensäure (H_2CO_3) an. In den Körperflüssigkeiten wird diese zur Lunge transportiert und dort abgeatmet. Bis dahin verbleibt jedoch der Säureüberschuß im Körper. Als Endprodukt des Eiweißstoffwechsels entsteht Harnstoff und Harnsäure. Diese bleiben bis zum Zeitpunkt der Ausscheidung über die Nieren im Körper und verschieben das Säure-Basen-Gleichgewicht zum Sauren hin. Wenn bei bereits übersäuertem Gewebe vor der Ausscheidung des Säureüberschusses erneut Säuren über die Ernährung zugeführt werden, übersäuert der Körper immer mehr.

Eine Gruppe von ausscheidungspflichtigen Säuren entsteht im Organismus aus schwefel- und phosphathaltigen Nahrungsmitteln, wie z. B. Fleisch. Verzehrt man überwiegend Säurebildner, kann es nach Dr. Hay zu einer Übersäuerung des Organismus kommen. Diese ist nach Hay Hauptursache für die Entstehung zahlreicher Krankheiten. Zur Übersäuerung, welche im Gedankengebilde von Hay einen zentralen Platz einnimmt, kommt es durch verschiedene Einflüsse. Primär ist der

Verzehr von nicht naturbelassener Nahrung zu nennen. Industriell aufbereitete kohlenhydratreiche Nahrungsmittel, wie weißes Mehl, raffinierter Zucker usw. werden im Körper zu Kohlensäure abgebaut. Für die Verstoffwechselung dieser säurebildenden Lebensmittel werden gleichzeitig basenbildende Mineralstoffe, wie Calcium, Magnesium, Kalium, Natrium und B-Vitamine benötigt. Diese sollten eigentlich das Säure-Basen-Gleichgewicht erhalten. Da sie im Übermaß verstoffwechselt werden, können sie ihre Aufgabe nicht mehr erfüllen.

Auch die Verstopfung kann zur Übersäuerung führen. Fast ein Drittel aller Frauen in Deutschland leidet an verzögerter Verdauung, welche oft Folge einer ballaststoffarmen Ernährung ist. Im Rahmen der Verstopfung können durch Fäulnis und Gärung, Giftstoffe, Fuselalkohole und Säuren sowie krebserregende Substanzen entstehen. Zuletzt ist noch die falsche Kombination von Lebensmitteln als mögliche Ursache einer Übersäuerung zu nennen. Diese belastet die Verdauungsorgane nachweislich und verzögert die Verdauung, was der berühmte russische Physiologe und Nobelpreisträger Ivan Pawlow an Hunden nachwies. Und wie Sie oben gelesen haben, ist die verzögerte Verdauung mitverantwortlich für die Entstehung von Säuren.

Säuren sind jedoch nicht nur nachteilig, sondern haben im Organismus bestimmte Aufgaben, z. B.:

Die im schwer arbeitenden Muskel entstehende Milchsäure und Kohlensäure ruft das Müdigkeitsgefühl hervor, welches uns rechtzeitig mit der körperlichen Betätigung aufhören läßt.

Säure bewirkt an freien Nervenendigungen Schmerz. Dieser ist ein bedeutsames Signal, der Schmerz weist nämlich darauf hin, daß etwas im Körper nicht in Ordnung ist.

Ein Anstieg der Kohlensäure im Blut wirkt anregend auf das Atemzentrum, so daß durch tiefere Atmung vermehrt Kohlensäure abgeatmet wird, um das Säure-Basen-Gleichgewicht wieder herzustellen.

Im Übermaß vorhandene Säuren, also eine Übersäuerung, kann sich jedoch auf unseren Organismus negativ auswirken. Prof. Hoff und andere zeigten bereits 1940, daß eine Stoffwechselverschiebung zum Sauren hin zu depressiven Stimmungen führen kann „Ich bin sauer“ sagt man in intuitiver Erkenntnis dieser Tatsache. Umgekehrt begünstigt ein mehr basischer Stoffwechsel eine freudigere Stimmung. Eine länger anhaltende leichte Übersäuerung des Blutes kann zum Abbau von Knochensubstanz führen. Wenn der Körper die Säuren im Blut nämlich nicht mehr abpuffern kann, holt er sich aus der Basenreserve im Skelett die zur Pufferung notwendigen Mineralien. So kann es allmählich zu einer Knochenentkalkung (Osteoporose) kommen.

Der sogenannte pH-Wert ist die Maßzahl für den basischen oder sauren Charakter einer Lösung. Darin wird das logarithmische Verhältnis von Säuren und Basen in Form von Wasserstoffionen (H^+-Ionen) zu Basen in Form von Hydroxyl-Ionen (auf OH-Ionen) angegeben. Der pH-Wert kann zwischen 0 und 14 liegen. Der Neutralpunkt für destilliertes Wasser liegt bei einem pH-Wert von 7, welches weder basisch noch sauer ist. Werte unter 7 zeigen ein saures, Werte über 7 ein alkalisches Milieu an. Der relativ leicht meßbare pH-Wert des Blutes ist eine Meßgröße, die zur Kontrolle des Säure-Basen-Haushalts im Organismus herangezogen wird. Ein fein abgestimmtes Puffersystem und das Zusammenspiel von Lunge, Nieren, Leber und Bindegewebe sorgen dafür, daß die Säure-Basen-Verhältnisse im Blut bei einem pH-Wert von 7,36 bis 7,44 konstant gehalten werden. Wenn sich das Säure-Basen-Verhältnis über diese Grenzen hinaus nach oben oder unten verschiebt, kann das unter Umständen lebensgefährlich werden. Die Normwerte im Blut schwanken also um den Wert von 7,4 im leicht alkalischen Bereich.

Im Gegensatz zum Blut ist der pH-Wert in den Körperzellen niedriger und schwankt zwischen 6,8 und 7,0. Ein Zuviel an Säure oder Basen muß von den Körperzellen schnell ausgeglichen werden. Sie geben deshalb überschüssige Säuren und Basen in das alle Zellen umgebende Bindegewebe ab, von wo diese in die Lymphbahnen und schließlich ins Blut gelangen. Das Blut ist für die Entsorgung zuständig, sorgt jedoch auch für den Austausch von Säuren und Basen zwischen den Organen. Die Säuren und Basen des Blutes werden über den Urin ausgeschieden. Insofern ist der pH-Wert des Urins zumindest ein grober Anzeiger des Säure-Basen-Gleichgewichts im Organismus. Wichtig ist, sich über die begrenzte Aussagefähigkeit der Urin-pH-Werte klar zu sein, denn damit werden nur die freien Säuren erfaßt, nicht die an Puffer gebundenen. Der Säuregehalt des Urins läßt sich zwar auch durch Titration bestimmen, doch selbst dann hat man noch nicht den gesamten Säuregehalt, da sich der Körper über Schweiß und Stuhl ebenfalls überflüssiger Säuren entledigen kann. Deshalb läßt sich der Gesamtsäure-Basen-Haushalt im Organismus über den Urin-pH-Wert nur grob beurteilen.

Der Säure-Basen-Haushalt des Blutes

Unser Körper hält Säuren und Basen durch verschiedene Puffersysteme in einem harmonischen Gleichgewicht. Im Blut ist der wichtigste dieser Puffer, der Kohlendioxidbicarbonatpuffer. Mit seiner Hilfe können sowohl überschüssige Säuren als auch überschüssige Basen neutralisiert werden. Der Körper kann über die Lunge überschüssige Kohlensäure in Form von Kohlendioxid abatmen. Durch vertieftes und beschleunigtes Atmen kann zuviel Kohlendioxid abgegeben werden, was zu einer Alkalose, d.h. zu einem Basenüberschuß im Körper führt. Das Hämoglobin (der rote Blutfarbstoff), verschiedene Blutplasma-Eiweiße und Phosphate stellen weitere Puffersysteme des Blutes dar.

Die Rolle des Bindegewebes im Säure-Basen-Haushalt

Eine Vielzahl unterschiedlicher Krankheiten, z.B. rheumatische Erkrankungen, werden auf Störungen des Bindegewebsstoffwechsels zurückgeführt. Ganzheitlich arbeitende Ärzte haben an ihren Patienten die Erfahrung gemacht, daß viele Zivilisationskrankheiten, wie Herzinfarkt und Schlaganfall, Krebs, Kopfschmerzen und psychische Veränderungen möglicherweise auf eine Übersäuerung des Organismus zurückzuführen sind. Die Störungen des Säure-Basen-Haushalts werden bisher oft nur über eine Veränderung des Blut-pH-Wertes nachgewiesen. D.h., wenn der Blut-pH-Wert im normalen Bereich ist, dürfte keine Übersäuerung des Körpers bestehen. Den Nachweis nur mit Hilfe dieses Parameters zu führen, halten jedoch viele ganzheitlich arbeitende Ärzte für unzureichend, denn der Blut-pH-Wert sagt nichts über den Gesamtsäuregehalt des Organismus aus. Die Übersäuerung des Körpers, von F. Sander als latente Azidose (eine Gewebsübersäuerung bei normalen Blut-pH-Werten) bezeichnet, ergibt sich aus überschüssigen Säuren, die sich auf dem Weg von den Zellen zum Blut oder umgekehrt gerade im Bindegewebe befinden. Durch eine an Basenbildnern reiche gesunde Ernährung gewährleisten sie, daß der Körper besser entsäuert wird. So werden durch Salate, Obst und Gemüse Heilungsvorgänge begünstigt und außerdem Krankheiten vorgebeugt. Natürlich kann man sich auch direkt Basen zuführen, z.B. in Form von Natriumbicarbonat. Es gibt verschiedene weitere Fertigpräparate auf dem Markt. Hierzu sollte man gezielt einen erfahrenen Arzt befragen.

Sowohl über die Ernährung als auch durch körperliche Betätigung kann man die Säure-Basen-Verhältnisse im Organismus beeinflussen. Körperliche Bewegung hilft, Säureüberschüsse abzubauen. Die Basenbildner Obst, Salat und Gemüse wirken ebenfalls in diese Richtung. Durch ein Zuviel an Säurebildnern, wie z.B. Fleisch kann Calcium aus den Knochen mobilisiert werden, welches dann vermehrt ausgeschieden wird. Mögliche Folgen dieses dann allmählich

entstehenden Calciummangels sind Karies, Osteoporose (Knochenentkalkung) und ein gehäuftes Auftreten calciumhaltiger Nierensteine. Der Wissenschaftler F. Sander hat durch seine Forschungen herausgearbeitet, daß eine latente (verborgene) Übersäuerung im Gewebe bei noch normaler Alkali-(Basen)-Reserve und normalem Säure-Basen-Zustand bereits den Weg für viele Krankheiten im Organismus bahnt. So bewies Sander mit seinen Untersuchungen des Aziditätsquotienten im Harn die Richtigkeit der Übersäuerungstheorie von Dr. Hay. Weitergehend interessierte verweise ich auf das Buch von F. Sander „Der Säure-Basen-Haushalt des menschlichen Organismus".

Die acht Richtlinien für die Anwendung der Trennkost

1. Innerhalb einer Mahlzeit Eiweißnahrung von Kohlenhydratnahrung trennen.
2. Nur natürliche und naturbelassene Lebensmittel verwenden und nur soviel davon, wie zur Erhaltung des Lebens nötig ist.
3. Konzentriertes Eiweiß und konzentrierte Stärke verringern, um eine Übersäuerung des Körpers zu verhindern.
4. Für einen optimalen Säure-Basen-Haushalt etwa ¾ überwiegend rohe Basenbildner wie Gemüse, Salate und Obst und nur etwa ¼ Säurebildner wie Eiweiß und Fleisch verwenden.
5. Essen Sie morgens Basen-, mittags Eiweiß- und abends Kohlenhydratmahlzeiten (keine Eiweißmahlzeiten mehr nach 15.00 Uhr).
6. Alle neutralen Lebensmittel (siehe mittlere Spalte der Klapptafel) können sowohl mit eiweißhaltigen als auch mit kohlenhydrathaltigen Lebensmitteln kombiniert werden.
7. Langsam und in Ruhe essen, gründlich kauen.
8. Zwischen den einzelnen Mahlzeiten Pausen von 4 Stunden einhalten.

Die Haysche Trennkost

Hay stellt den Begriff der Übersäuerung in den Vordergrund seiner Überlegungen. Er gibt vier Hauptgründe für diese Übersäuerung, die zur Krankheitsanfälligkeit führt, an:

1. **die Verwendung von unnatürlichen Nahrungsmitteln**
2. **die Verwendung zu großer Mengen von konzentriertem Eiweiß und konzentrierten Kohlenhydraten**
3. **die verzögerte Verdauung**
4. **die falsche Zusammensetzung der Nahrungsmittel**

Zu 1. Unnatürliche Nahrungsmittel sind zum Beispiel sterilisierte Nahrungsmittel wie Konserven und raffinierte Nahrungsmittel wie Weißmehl, weißer Zukker und polierter Reis.

Der Arzt Steiner ernährte Meerschweinchen mit ihrer gewohnten Nahrung (Heu, Karotten, Hafer, Wasser), die er jedoch kochte. Es stellten sich schwere Erkrankungen mit tödlichem Ausgang ein: Skorbut, Kropf, Blutarmut, Zahnfäule, Weichwerden der Zähne, so daß man sie mit der Schere abschneiden konnte, Verbiegungen des Kiefers, Entartungen der Speicheldrüse, ein Teil bekam Lungenkrebs. Bei gekochter Nahrung gingen auch Affen an schwerem Siechtum zugrunde. 30% der Versuchstiere starben an Magen- und Zwölffingerdarmgeschwüren. Füttert man Ratten mit Weißmehl und Wasser, gehen sie in kurzer Zeit ein, füttert man sie aber mit Vollkornmehl und Wasser, so gedeihen sie und bleiben am Leben, wie Kollath bewiesen hat. Wenn man nicht das ganze Getreidekorn verwendet, die Kleie an das Vieh verfüttert und fast nur Weißmehl oder geschälten Reis ißt, treten schwere Gesundheitsschäden auf. Ein überzeugender Beweis dafür ist die Beri-Beri-Krankheit, an der in Asien Hunderttausende von Menschen starben. Der Ostasiate ißt vornehmlich Reis. Es war zur Regel geworden, den Reis zu schälen. Wenn aber das Silberhäutchen und mit ihm die B-Vitamine weggeworfen werden, führt das zur Krankheit mit Verdauungsstörungen, Nervenschmerzen, zunehmender Schwäche, Lähmung, bei feuchter Form durch Wassersucht zu langsamem Siechtum und zum Tode. Durch Erhitzen der Nahrung werden wertvolle, notwendige Nahrungsbestandteile zerstört, die dem Körper dann fehlen. Folglich fordert der Organismus eine immer größere Nahrungszufuhr, spürbar als ständiges Hungergefühl. Der Mensch wird zum Vielfraß. Es genügen ihm zum Leben nicht drei Mahlzeiten, sondern er braucht sechs am Tage.

Zu 2. Die Verwendung von zuviel Eiweiß und Kohlenhydraten widerspricht der biochemischen Zusammensetzung der Körpersäfte. Nach Hay bestehen 80% des menschlichen Körpers aus basenbildenden, 20% aus säurebildenden Elementen. Soll das für die Gesundheit der Körperzellen und Säfte notwendige Gleichgewicht hergestellt werden, so muß das tägliche Nahrungsverhältnis ungefähr wie folgt aussehen:

80% Basenbildner: Obst, Salate, Gemüse
20% Säurebildner: Fleisch, Fisch, Käse (stärker säurebildend)
Fette und unraffinierte Öle (schwächer säurebildend)
Kohlenhydrate (schwach säurebildend)

Zuviel Eiweiß führt zur Bildung von Harnsäure, die sich im Körper in den Gelenken und geschädigten oder allergisch sensibilisierten Geweben ablädt und zu Rheuma oder Gicht führen kann. Zu viel zugeführtes Eiweiß belastet also unnötig die Verdauung.

Wenn man konzentrierte Stärkemehle ißt, also Brot, so besteht ein großer Unterschied, ob man Weißbrot oder Vollkornbrot verzehrt. Vom Weißbrot braucht man die mehrfache Menge, um satt zu werden, während man beim Genuß von Vollkornbrot (Vollkorn muß mehr und intensiver gekaut werden) nur wenig braucht und der Körper außerdem viele Vitalstoffe des gesamten Getreidekorns zugeführt bekommt.

Die Kohlenhydrate sind die Betriebsstoffe des Körpers, das Holz des Ofens. Auch ein zuviel kann das Feuer ausgehen lassen. Nur wer körperlich arbeitet, braucht mehr Brennstoffe, also auch mehr Kohlenhydrate.

Zu 3. Die normale Verdauung dauert 24 Stunden, die verzögerte bis zu 72 Stunden. Wenn viele die Darmtätigkeit anregende Ballaststoffe wie rohes Gemüse, Salate, Obst und Vollkornprodukte in der Nahrung fehlen, braucht sich der Darm nicht zu bemühen, weil dieser Verdauungsbrei ihn nicht anregt. Der Darm wird träge, der Speisebrei liegt viel länger in den Darmnischen. Es kommt leichter zu Gärungs- und Fäulnisvorgängen.

Zu 4. Die heute allgemein übliche Ernährung widerspricht durch ihre Mischung von Eiweiß und Kohlenhydraten bei einer Mahlzeit der Biochemie des Körpers und stört die Verdauung. Eiweiß und saure Früchte verlangen zur Verdauung Säurelösung, Stärke und Zucker Basenlösung. Eiweiße und Kohlenhydrate sollten deshalb nicht zusammen bei einer Mahlzeit genossen werden. Saures Aufstoßen, Völlegefühl und Blähungen nach den Mahlzeiten, die diese Trennung nicht berücksichtigen, sind die Folge. Die Verdauung der Stärke beginnt bereits im Mund durch das Ptyalin des Speichels. Die Verdauung der Eiweißstoffe beginnt im Magen durch Pepsin auf Säuregrundlage. Ißt man Eiweiß und Kohlenhydrate zusammen, so erfolgt eine ungenügende Verdauung der Stärkemehle, die dann im Darm durch Wärme und Feuchtigkeit gären.

Man ißt das konzentrierte Eiweiß mit Gemüsen mittags und das Stärkemehl mit Gemüsen abends.

Unsere Nahrung setzt sich in der Hauptsache aus Eiweiß, Fett, Kohlenhydraten, Vitaminen und Mineralien zusammen. Unsere Nahrungsmittel enthalten diese in den verschiedensten Zusammensetzungen. Es gibt Lebensmittel wie Fleisch und Fisch, die kaum Kohlenhydrate, aber viel Eiweiß enthalten. Aus der Tabelle (S. 48 ff.) erkennen wir weiterhin, daß die Natur selbst Nahrungsmittelgruppen geschaffen hat. Getreide enthält hauptsächlich Kohlenhydrate und wenig hochwertiges Eiweiß.

In diesem Sinne hat Hay seine Trennung der Nahrungsmittel vorgenommen. Die folgende Tabelle teilt die Nahrungsmittel darum in zwei Gruppen von konzentrierten Nahrungsmitteln ein, je nachdem, ob sie vorwiegend Eiweiß oder vorwiegend Kohlenhydrate enthalten. Diese Tabelle dient als Grundlage für die nachfolgenden Speisezettel und Kochrezepte.

Wenn wir bei unserem Essen (aus geschmacklichen Gründen) mischen, was die Natur zu mischen unterließ, so begehen wir schon damit den ersten Verstoß gegen die biochemischen Verdauungsgesetze. Vielleicht lassen sich diese Verdauungsgesetze nie ganz klären, aber die Fehler, die durch eine sinnlos zusammengestellte Nahrung entstehen, können wir alle an ihren Krankheitsbildern erkennen.

Der Mensch wächst vom Säuglingsalter an mit falschen Eßgewohnheiten auf und gewöhnt sich scheinbar an seine Kost. Die bisherigen Eßgewohnheiten richten sich hauptsächlich nach dem Gaumen und danach, worauf man „Lust hat“. Bei Festessen ißt man noch reichlicher und „besser“ als sonst. Wer oft an solchen Essen teilnehmen muß, kennt auch die Folgen. Anfangs ist es meist nur Müdigkeit oder es sind Verdauungsbeschwerden. Später kommen dann Herz- und Kreislaufbeschwerden dazu. Solche Erkrankungen kann man aber vermeiden, wenn man die Ursache rechtzeitig erkennt.

Man braucht nichts anderes zu tun, als die biochemischen Verdauungsgesetze zu beachten.

Die Ernährungsempfehlung von Hay ist deshalb nicht als Diät, sondern als eine vollwertige Ernährung anzusehen, denn sie ist zeitlebens durchzuführen. Sie ist nichts anderes als die gewohnte, bisherige Kost, nur mit dem Unterschied, daß wir innerhalb einer Mahlzeit niemals überwiegend eiweißhaltige Lebensmittel mit überwiegend kohlenhydrathaltigen Lebensmitteln zusammen essen, daher der Name Trennkost.

Trennkost ist nicht nur eine Basisernährung für Kranke, sondern auch eine Vorbeugung für Gesunde. Darin liegt ihr Hauptwert. Jeder, dessen Leistung nicht voll auf der Höhe ist, sollte sich die Vorteile dieser neuen Ernährung klarmachen, um durch sie seine Leistungen steigern zu können und dadurch mehr Freude am Leben zu haben.

Wie und warum wirkt Trennkost?

Die Trennkost entlastet die Verdauungsorgane und wirkt sich positiv auf Körper, Seele und Geist aus. Vier Fünftel von 120 in der Asklepios-Klinik Dr. Walb behandelten Nierenpatienten besserten sich oder wurden sogar geheilt, wie Untersuchungen der Nierenwerte zeigten. Durch die Trennkost wird die tägliche Harnausscheidung vergrößert, was Herz und Nieren entlastet. Die Trennkost bei Patienten mit chronischen Nierenerkrankungen soll individuell modifiziert werden: Sie sollte eiweißarm und salzarm sein. Die Besserung der Nierenfunktion zeigt sich u.a. durch eine rückläufige Eiweißausscheidung im Urin. Die Grenzen der Behandlung von Nierenpatienten mit der Trennkost zeigen sich bei der dialysepflichtigen Niereninsuffizienz, bei der die Nierenfunktion derart eingeschränkt ist, daß die künstliche Niere zur Behandlung notwendig ist.

Trennkost bei Herz-Kreislauf-Krankheiten

Mit ihrem Reichtum an Basenbildnern kämpft die Trennkost gegen die Übersäuerung an. Der heutzutage weit verbreiteten Gefäßverkalkung mit den möglicherweise fatalen Folgen von Herzinfarkt und Schlaganfall, von dem Internisten Dr. Kern als „Säurekatastrophen" bezeichnet, läßt sich durch Trennkost entgegenwirken. Kalkablagerungen in Herzkranzgefäßen lassen sich, wie der kalifornische Arzt Ornish mit Herzkatheteruntersuchungen bewiesen hat, durch Diät, Entspannung und Bewegungstherapie zurückbilden. Dr. Walb konnte anhand von Laborkontrollen beweisen, daß das Blut durch Trennkost dünnflüssiger wird (der sog. Quick-Wert sank bei 80% der Klinikpatienten nach Verabreichung von

Trennkost). Wenn das Blut dünnflüssiger ist, ist das Risiko für Herzinfarkt, Thrombose und Schlaganfall geringer. Bedeutende Leistungssportler wie der Radrennfahrer Rudi Altig stellten nach Trennkost eine größere Leistungsfähigkeit, verkürzte Erholungsphase und geringere Herzbelastung fest.

In einer Studie wurden nach vierwöchiger Behandlung mit Trennkost die Cholesterinspiegel im Blut untersucht. Bei über 90% sanken bzw. normalisierten sich die Cholesterinspiegel. Damit ist das Risiko für vorzeitige Gefäßverkalkung mit den Folgeerkrankungen Herzinfarkt und Schlaganfall verringert. Da statistisch gesehen von uns Mitteleuropäern derzeit etwa 45% an den Folgen vorzeitiger Gefäßverkalkung sterben, sollten wir diese große Chance wahrnehmen, den Erkrankungen durch gesunde Ernährung, wie z.B. Trennkost vorzubeugen.

Diabetesbehandlung mit Trennkost

Die Trennkost wird bei Diabetikern in einer ihrer Ernährung angepaßten Form durchgeführt, wie es in diesem Buch im Kapitel „Trennkost bei Diabetes" (S. 187) erläutert wird. Diabetiker, die Insulin spritzen müssen, sollen nach der Insulinspritze morgens und abends die Kohlenhydratmahlzeiten verzehren. Zwischendurch empfehlen sich kleinere Zwischenmahlzeiten, die reich an Gemüse, Obst und Salat (Basenbildnern) sind. Hier sollte wohl Zurückhaltung mit süßem Obst geübt werden. Dr. Walb demonstrierte in Studien, daß bei 210 in der Klinik u.a. mit Trennkost behandelten Diabetikern nach durchschnittlich vier bis sechs Wochen die Harnzuckerwerte um ca. 98% und die Blutzucker um rund 90% sanken. Die Insulineinheiten konnten um durchschnittlich 37% reduziert werden. Die Kreislaufbeschwerden besserten sich. Bei fünf Patienten war es sogar möglich, die Amputation von Zehen, Fuß oder Unterschenkel zu umgehen.

Die klinische Erfahrung zeigt, daß bei Diabetikern, die mehr Insulin spritzen, die zu erreichenden Erfolge schneller und besser sind als bei den anderen Diabetikern. Der Reichtum an Ballaststoffen in der Trennkost bewirkt, daß die einzelnen Bausteine der Kohlenhydrate (der Einfachzucker Glukose) langsamer ins Blut gelangen, so steigt also der Blutzucker in geringerem Maße nach und nach, wobei sich dies über einen längeren Zeitraum erstreckt. Falls vorhanden, kann also die körpereigene Insulinproduktion mit dieser allmählichen Blutzuckerbelastung besser Schritt halten. Die reaktive, übermäßige Insulinausschüttung mit der Folge eines raschen Blutzuckerabfalls und anschließendem Unterzuckerungsgefühl sowie erneutem Heißhunger kann so vermieden werden.

Trennkost als Therapie

Eine Studie mit 620 Patienten mit verschiedenen Erkrankungen ergab folgendes Resultat: Das Cholesterin im Blut normalisierte sich nach vier Wochen Ernährung mit Trennkost bei 86% der Patienten. Eine 1984 von Dr. Walb publizierte Arbeit über 133 im Durchschnitt 58 Jahre alte Patienten untersuchte das Verhalten pathologischer Blutwerte nach vier Wochen Trennkost. Die Patienten litten an Erkrankungen der Verdauungsorgane, an Diabetes, Herz-Kreislauf-Krankheiten, Nierenkrankheiten, Rheuma, Tumoren und Allergien. Nach vier Wochen Trennkost besserten sich die untersuchten Blutwerte um durchschnittlich 80%. Dabei handelt es sich um folgende Werte: weiße Blutkörperchen, Calcium, die Leberwerte Gamma-GT, GOT und GPT, alkalische Phosphatase, die Blutsenkung, die Nierenwerte Harnsäure, Kreatinin, Reststickstoff und Harnstoffgehalt, das Gesamt-Eiweiß sowie die verschiedenen Blutfette: Triglyceride und Gesamt-Cholesterin.

Welche Verbesserungen des Allgemeinzustandes finden sich bei Ernährung mit Trennkost?

Die Patienten berichten von einer erhöhten Leistungsfähigkeit und geradezu jugendlicher Vitalität. Der Körper wird beweglicher, elastischer, als wären die Gelenke besser geschmiert. Die „pathologische Tagesmüdigkeit" geht zurück bzw. verschwindet völlig. Damit ist nicht die „normale" physiologische Müdigkeit nach anstrengender körperlicher Betätigung gemeint, sondern die Müdigkeit, die ohne erkennbaren Grund auftritt, z. B. bereits morgens nach dem Schlaf.

Die Verdauung bessert sich derart, daß auch länger bestehende Verstopfung häufig verschwindet und der Stuhlgang sich normalisiert, meist ohne Abführmittel. Völlegefühl, Aufstoßen und Blähungen verschwinden oder nehmen ab. Bei Ernährungsumstellung auf Trennkost kann es vorübergehend (ein bis zwei Wochen) zu stärkeren Blähungen, zu Rumoren und Zwicken im Bauch kommen. Dies kommt daher, daß Verdauungsorgane und Darmbakterien sich zunächst auf die neue Ernährung umstellen müssen.

Durch den besseren Säure-Basen-Haushalt verringern sich Schmerzen. Allgemeinbeschwerden wie Verspannungen und Befindlichkeitsstörungen, Wetterfühligkeit und Regelbeschwerden sind oft rückläufig bzw. verschwinden völlig. Verstimmungszustände und Unlustgefühle gehen zurück.

Übergewicht, welches zuvor oft zahlreichen Diätversuchen getrotzt hat bzw. in der Folge sogar schlimmer wurde (YoYo-Effekt), läßt sich mit Trennkost überraschend oft dauerhaft reduzieren und ein deutlich niedrigeres Körpergewicht langfristig halten. Gerade dadurch wurde in den letzten Jahren die Trennkost außerordentlich populär.

Vorteile der Trennkost

Die Trennkost ist in idealer Weise geeignet, um sich von der gewohnten Kost auf eine gesunde Ernährung umzustellen. Dabei verschiebt sich fast nur die Verzehrshäufigkeit bestimmter Nahrungsmittel. Man ißt vermehrt Salat, Gemüse und Obst, hingegen nimmt der Anteil an Fleisch und konzentrierten kohlenhydratreichen Lebensmitteln ab. Wenn Sie Ihre Ernährung auf Trennkost umstellen, brauchen Sie nicht zu hungern, genießen Ihr Essen und brauchen nicht mehr ständig Kalorien zu zählen. Bei stark übergewichtigen Patienten rate ich jedoch neben der normalen Trennkost zu ein bis zwei Frischkosttagen pro Woche, d. h. Salat, Obst und rohes Gemüse. Trennkost kommt deshalb so gut an, weil sie weniger als andere Kostformen verbietet, lediglich Süßigkeiten und denaturierte Nahrungsmittel sind ausgeschlossen.

Nicht die Jahre, sondern die Lebens- und Ernährungsweise eines Menschen bestimmen sein Alter.

Grundregeln zur Hayschen Trennkost

Trennkost bedeutet im Gegensatz zu allen übrigen Ernährungsformen zu einer Mahlzeit entweder **vorwiegend eiweißhaltige Lebensmittel** oder **vorwiegend kohlenhydrathaltige Lebensmittel** zu verwenden, jeweils ergänzt durch einen großen Anteil von Salaten, Gemüsen und Früchten, die neutral sind.

Überblick verschafft die Tabelle über die Zusammensetzung der Nahrung. Mit hrer Hilfe stellen wir unsere Mahlzeiten zusammen, unabhängig davon, ob wir laheim oder auswärts essen.

Für eine konzentrierte Mahlzeit wählt man entweder ein konzentriertes Nahungsmittel aus der linken Spalte (Kohlenhydrate) und ergänzt es mit einem neuralen Nahrungsmittel aus der Mittelspalte, oder ein konzentriertes Nahrungsmitel aus der rechten Spalte (Proteine), dem ebenfalls ein neutrales Nahrungsmittel us der Mittelspalte beigefügt wird.

Einen Beweis dafür, daß viele Menschen Eiweiß und Stärkemehl zusammen chlecht vertragen und verdauen, liefern uns Völlegefühl und Blähungen nach Hülsenfrüchten wie Erbsen und Bohnen. Die Rein-Stepp-Tabelle weist sie sowohl ls hohe Eiweiß- als auch hohe Kohlenhydratträger aus.

Basenmahlzeit

Zu einer Basenmahlzeit gehören nur Salate, Gemüse (außer Winterkohl), Obst und Milch.

Saures Obst benötigt zunächst eine Säureverdauung und wird dann im Körper basisch, ist also Basenbildner.

Milch

Milch ist kein Durstlöscher, sondern ein Lebensmittel. Sie wird schluckweise m besten verdaut.

Milch ist in jeder Form verwendbar. Ungesäuerte Milch genieße man nur zu Salaten, sauren Früchten und anderen Basenbildnern. Milch mit saurem Obst und Gemüse, roh oder gekocht, schwemmt Giftstoffe aus (Morgenmahlzeit!). Bei trägem Stuhlgang in die Morgenmilch Leinsamen geben!

Gallenkranke sollten Buttermilch vorziehen. Buttermilch und die gesäuerte Milchprodukte gelten als neutral.

Weitere neutrale Lebensmittel sind Quark, fette Käsesorten, Doppelrahmkäse

Salate

Salate zu **Eiweißmahlzeiten** richte man mit Öl, Rahm, Dickmilch, Joghurt Kräutern und Zitrone an.

Bei **Stärkemahlzeiten** verzichte man auf die Zitron und nehme dafür eventuell Buttermilch.

Fette

Als Fett verwende man Butter, nicht gebräunt, nur leicht zerlassen, frisch Sahne (nicht ultrahocherhitzt) sowie hochungesättigte, naturbelassene und kalt geschlagene Pflanzenöle wie z. B. Sonnenblumen-, Oliven-, Weizenkeim-, Lein und Distelöl. Man vermeide gehärtete Fette.

Erdnußöle sind nicht empfehlenswert.

Gemüse

Gemüse dünste man im eigenen Saft. Blumenkohl und Spargel darf ma kochen, die Brühe zu Soße oder Suppe verwenden. Tomaten und Spinat passe zu Eiweißmahlzeiten gekocht oder gedünstet, zu Kohlenhydratmahlzeiten nur i roher Form. Man kann zu Fleischspeisen gut Tomatensuppe essen, die man m Eiweißflocken etwas bindet, mit Basilikum, etwas Salbei, Zwiebeln, Knoblauch Rahm und Petersilie würzt. Salzhaltiges Sauerkraut wird Nierenkranken nich empfohlen, weil diese sich salzarm ernähren sollten.

Gewürze

Man achte darauf, den Eigengeschmack der Gemüse zu erhalten und salze sehr sparsam. Auch scharfe Gewürze sollten sehr sparsam benützt werden, dagegen frische oder getrocknete Wild- und Gartenkräuter sowie Knoblauch.

Süßen

Wenn überhaupt gesüßt werden möchte, verwende man kaltgeschleuderte Honigsorten. Es gibt cremige sowie flüssige Sorten (Akazienhonig). Die Festigkeit besagt nichts über die Qualität des Honigs. Man achte auf die Herstellungsweise. Künstlich hergestellte Süßstoffe vermeide man, da diese als sehr starke Säurebildner zur Übersäuerung führen.

Vollkornprodukte und Kartoffeln

Zu einer Kohlenhydratmahlzeit nehme man nur eine Stärkemehlart, also z. B. Vollkornnudeln oder Vollkornreis oder Kartoffeln.

Fleisch

Der Hauptbestandteil der Nahrung sei lakto-vegetabil. Fleisch und Fett sind Zugaben. Mehr als 60–100 g Fleisch oder Fisch und mehr als 30–60 g Fett pro Tag sind unnötig. Man verwende auch immer nur eine Eiweißart zu einer Mahlzeit, also entweder Fleisch oder Fisch. Schweinefleisch vermeide man, außer geräuchertem Schinken oder Schinkenspeck, der sparsam Verwendung finden sollte. Man vermeide in der Pfanne Gebratenes. Um das Fleisch leichter verdaulich zu machen, dämpfe man es im eigenen Saft. Man brät es im offenen Topf an und läßt es zugedeckt im Bratofen garen, zartes Fleisch etwa 20 Minuten, anderes entsprechend länger. Vor dem Anschneiden etwa ohne Hitze ¼ Stunde stehen lassen, damit beim Schneiden der Saft nicht austritt.
Man würzt: Rindfleisch mit Thymian (gemahlen); Kalbfleisch mit Salbei (gemahlen).
Alle Fleischsorten schmecken besser mit etwas Knoblauch, den man wegen der besseren Verteilung meistens durch die Knoblauchpresse drückt.

Alkohol

Bier paßt zu Stärke, ungesüßter, trockener Wein zu Eiweißmahlzeiten.
Alkohol sollte nicht täglich genossen werden. Hochprozentige Alkoholika nur in Ausnahmefällen.

Kaffee

Wer auf Kaffee nicht verzichten möchte, genieße ihn mit Rahm, dann ist er bekömmlicher, Magen-, Leber- und Gallenkranke sollten Kaffee völlig meiden.

Zusatzstoffe

Achten Sie auf die Zusammensetzung der Nahrungsmittel. Diese sollten mög lichst keine Konservierungsstoffe, Farb- und Süßstoffe (z.B. Saccharin) sowi naturidentische Aromastoffe enthalten. Alle Nahrungsmittel, die geschwefel (Rosinen) oder mit Paraffin (Datteln) behandelt wurden, sollten ebenfalls gemie den werden.

Radioaktivität

Viele Obst- und Gemüsearten sowie Kartoffeln aus dem Ausland werden vo der Einfuhr radioaktiv bestrahlt, damit diese länger haltbar sind. Man bevorzug darum deutsches Obst und Gemüse, das bislang noch nicht bestrahlt werden darf

Mäßig und langsam essen
Gut kauen
Essenspausen von 3–4 Stunden zwischen den Mahlzeiten einhalten, damit de Verdauungskanal seine selbstreinigende Kraft auch entfalten kann.

Die Tagesverteilung richte sich nach Art der Arbeit, die der Betreffende leistet Für Kinder und körperlich schwer Arbeitende wählt man mehr konzentriert Mahlzeiten als für Menschen mit sitzender Tätigkeit.

Wenn möglich, nehme man die Eiweißmahlzeit mittags und die Kohlenhydrat mahlzeit abends ein.

Die Ernährung sollte individuell gestaltet, der Konstitution und auch den Jah reszeiten und der Umwelt angemessen sein.

Wir können hier nur allgemeine Richtlinien geben, von denen der einzelne abweichen kann oder muß. Z.B. wird sich die Ernährung eines insulinpflichtigen Diabetikers (S. 187), eines Magen- und Darmgeschädigten unterscheiden von der eines Gesunden oder eines Patienten mit chronischer Niereninsuffizienz.

Beispiel einer durchschnittlichen Tagesverpflegung

Morgens

Basenmahlzeit vorzugsweise	*Nur Obst* (Melone ist zu empfehlen) Grundsätzlich gilt: zuerst das saure, dann das süße Obst.
	Milch und Obst.
	Milch und gemahlenen Leinsamen. *Müsli* *Vollkornbrot, Butter, Honig, Quark.* *Vollkornbrot, Doppelrahmkäse (über 60% Fett i. Tr.), Gurkenscheiben und ähnliches.*

Mittags

Eiweißmahlzeit		
eingangs	*Salat*	
wahlweise	*Fleisch* *Geflügel* *Fisch* *Käse* *Eier* *Milch*	dazu *Obst- oder Gemüsesaft* *Gemüsesuppe* *besser rohes als gekochtes Gemüse* *Quarkspeisen mit saurem Obst*

Abends

Kohlenhydratmahlzeit		
eingangs	*Salat*	
wahlweise	*Vollkornbrot* *Vollkornnudeln* *Vollkornreis* *Kartoffeln*	dazu *Butter, Quark, Doppelrahmkäse* *Käse über 60% Fett i. Tr.* *Gemüsesuppe oder (und) gekochtes Gemüse* *Bananen, Feigen, Rosinen, Nüsse, Honig, Heidelbeeren*

Man bemühe sich um eine Zusammenstellung von etwa $^2/_3$ bis 80% basenbildender und 20% bis $^1/_3$ konzentrierter, säurebildender Nahrung.

Zwischenmahlzeiten können morgens aus Milch und Obst, nachmittags aus Gemüsesäften, Vollkornbrot, Butter und Honig (sparsam) bestehen.

Tagesmenüvorschlag

Frühstück: *Müsli oder Obst*
Mittagessen: *Salat*
Hühnerbrustfilet in Scheiben auf gemischten Salat mit Tomatenmayonnaise
Abendessen: *Salat*
Buchweizenpfannkuchen mit Schnittlauch, Tomatenscheiben und Kräuterquark

Zutaten:
Müsli:
Rezepte (für 4 Personen)
200 g Weizen, grob geschrotet
3 Bananen
50 g Haselnüsse, grob gehackt
50 g Rosinen
50 g süße Sahne, aufgeschlagen

Zubereitung:
Das frisch geschrotete Getreide in einer Schüssel, knapp mit Wasser bedeckt, über Nacht quellen lassen. Am nächsten Tag die Bananen in Scheiben schneiden oder pürieren und mit den Nüssen sowie den Rosinen zu dem Getreide geben und umrühren.
Die Sahne steif schlagen und unter das Müsli heben.
Das Müsli kann bei Bedarf noch mit kaltgeschleudertem Honig abgeschmeckt werden.

Die Einweichflüssigkeit für das Getreide nie wegschütten, sondern mitverarbeiten.

Variation:
Zur Abwechslung können auch Heidelbeeren das Müsli verfeinern.

Hühnerbrustfilets auf gemischtem Salat
Zutaten:
4 halbe Hühnerbrustfilets
200 g Möhren
1 Salatgurke
2 grüne Paprikaschoten
4 kleine Radicchio
6 EL selbstgemachte Mayonnaise
2 EL Tomatenmark
etwas Vollmeersalz, Zitronensaft

Zubereitung:
Die Hühnerfilets in etwas Salzwasser ca. 10–15 Min. leicht köcheln lassen und abschöpfen. Auf einem Brett auskühlen lassen. Die entstandene Hühnerbrühe kann gewürzt anderweitig Verwendung finden.
In der Zwischenzeit die Möhren, Gurke und Paprika raspeln oder schneiden, den Radicchio putzen und waschen und die Salate in einem Kreis auf vier Tellern anrichten.

Menüvorschläge für eine Woche

	Montag	Dienstag	Mittwoch	Donnerstag	Freitag	Samstag	Sonntag
Frühstück	Quarkmüsli	2 Sch. VK-Brot Heidelbeer-marmelade Butter	Obstfrühstück	Quarkmüsli	Quarkmüsli	Obstfrühstück	Quarkmüsli 1 Sch. VK-Brot Heidelbeer-marmelade Butter
Mittagessen	Salatteller Kartoffelauflauf mit verschiedenen Gemüsen Nußquark	Salatteller Bunte Geflügel-Gemüse-Pfanne Obstsalat	Salatteller Geb. Semmel-scheibe auf Champignon-rahmsoße und Mandel-brokkoli Banane	Salatteller Königsberger Klopse mit Rote Bete-gemüse Himbeer-joghurt	Salatteller Seelachsfilet auf dem Gemüsebett mit Weißwein-soße Gebratene Äpfel	Salatteller Bunter Reis-Gemüseeintopf Heidelbeer-quark	Salatteller Rumpsteak mit Sauce Café de Paris und Speckbohnen-bündchen Schlagrahm-speise
Zwischen-mahlzeit	Frischkornmüsli	VK-Rosinen-brötchen Butter	1 Stck. Käse-torte Backbuch	Frischkornmüsli	Frischkornmüsli	1 Sch. VK-Brot Heidelbeerm. Butter	1 Stck. Mandel-Bananen-Kuchen Backbuch
Abendessen	Salatteller VK-Reis mit Kräutersoße und Möhren-gemüse Buttermilch	Salatteller VK-Brot, Rinderschinken, roh, Rinder-salami, roh Schnittkäse 60% Fett i. Tr. Gurke, Tomate, Butter	Salatteller Gemüsecreme-suppe mit VK-Brot	Salatteller Kräuter-kartoffeln mit Butter	Salatteller VK-Brötchen Gemüsesülze, Rinderschinken, roh Camembert 60% Fett i. Tr. Tomatenbutter	Salatteller VK-Nudel-Gemüse-Auflauf Kräutertee	Salatteller VK-Brot Schafskäseauf-strich Schnittkäse 60% Fett i. Tr. Rindersalami Tomate Radieschen

Menüvorschläge für die vegetarische Küche

	Montag	Dienstag	Mittwoch	Donnerstag	Freitag	Samstag	Sonntag
Frühstück	Quarkmüsli	2 Sch. VK-Brot Heidelbeer- marmelade Butter	Obstfrühstück	Quarkmüsli	Quarkmüsli	Obstfrühstück	Quarkmüsli 1 Sch. VK-Brot Heidelbeer- marmelade Butter
Mittagessen	Salatteller Kartoffelauflauf mit verschiedenen Gemüsen Nußquark	Salatteller Kaiserschmarrn	Salatteller Geb. Semmel- scheibe auf Champignon- rahmsoße und Mandel- brokkoli Banane	Salatteller Gemüseteller mit 5 verschie- denen Gemüsen Himbeerjoghurt	Salatteller In Sesam panierte Selleriescheibe mit Kartoffel- Möhren-Püree Reis nach Trautmannsdorf	Salatteller Bunter Reis- Gemüseeintopf Heidelbeerquark	Salatteller Überbackener Gemüse- Kartoffel-Rösti Vanillecreme
Zwischen- mahlzeit	Frischkornmüsli	VK-Rosinen- brötchen Butter	1 Stck. Käse- torte Backbuch	Frischkornmüsli	Frischkornmüsli	1 Sch. VK-Brot Heidelbeerm. Butter	1 Stck. Mandel- Bananen- Kuchen Backbuch
Abendessen	Salatteller VK-Reis mit Kräutersoße und Möhren- gemüse Buttermilch	Salatteller VK-Brot Schnittkäse 60% Fett i. Tr. Obaztda Tomate, Gurke	Salatteller Gemüsecreme- suppe mit VK-Brot	Salatteller Kräuter- kartoffeln mit Butter	Salatteller VK-Brötchen Gemüsesülze, veget., Camembert 60% Fett i. Tr. Tomatenbutter Schimmelkäse- creme, Gurke	Salatteller VK-Nudel- Gemüse-Auflauf Kräutertee	Salatteller Getreide- Gemüse- Bratling mit Tomatensoße

Die Zusammensetzung der Nahrung nach Hay und Walb

Mische nicht

Konzentrierte Lebensmittel vorwiegend kohlenhydrathaltig (Stärke, Zucker)	*Mische*	Neutrale Lebensmittel	*Mische*	Konzentrierte Lebensmittel vorwiegend eiweißhaltig

Konzentrierte Lebensmittel vorwiegend kohlenhydrathaltig (Stärke, Zucker)

Vollkorngetreide
Vollkornmehl
Vollkornbrot
Vollkornnudeln
Naturreis
Kartoffeln
Topinambur
Patate
Schwarzwurzeln

Bienenhonig
Feigen getr.
Datteln getr.
Äpfel getr.
Aprikosen getr.
Pflaumen getr.
Rosinen
Bananen

Nicht empfohlen!
Weißmehl
Weißbrot
Weißmehlnudeln
polierter Reis
Sago
Erdnüsse
weißer Zucker
Süßigkeiten
Marmeladen, Gelees
Eingemachtes

Neutrale Lebensmittel

1. Fette
Pflanzliche Öle und Fette, Butter, Rahm, Quark, gesäuerte Milchprodukte wie Kefir, Buttermilch, Vollmilchjoghurt, Doppelrahmkäse über 60 % Fett i. T., Eigelb, reife Oliven

2. Gemüse
Blattsalate, Karotten, rote Rüben, Zwiebeln, Lauch, Blumenkohl, Brokkoli, Spargel, Bohnen, Erbsen (grün), Mangold, Rettich, Radieschen, Spinat*, Tomaten*, Sellerie, Kohlrabi, Wirsing, Rotkohl, Weißkraut, Sauerkraut, Kürbis, Gurken, Rosenkohl, Paprikaschoten, Fenchel, Chicorée, Chinakohl, Pilze

3. Andere Nahrungsmittel
Agar-Agar
Nüsse, Mandeln außer Erdnüsse
Heidelbeeren
Rinderschinken, roh***
Rindersalami, roh***

4. Gewürze
Vollmeersalz, Kräuter-, Selleriesalz, Knoblauch, Paprika, Muskat, Pfeffer**, Curry, Basilikum, Wild- und Gartenkräuter

Nicht empfohlen!
Getrocknete Hülsenfrüchte,
käufliche Mayonnaisen, Suppen, Saucen,
schwarzer Tee, Kaffee, Kakao
Eingemachtes
Essigessenz

Konzentrierte Lebensmittel vorwiegend eiweißhaltig

Fleisch, Wild, Fische, Geflügel, Magerkäse (bis 55 % Fett i.T.)
Eier, Sojamehl

Saures Obst wird mit überwiegend eiweißhaltigen Lebensmitteln kombiniert.

Beerenobst
Kernobst
Steinobst
Zitrusfrüchte
Kiwi
Ananas
Melonen

Nicht empfohlen!
Rohes Eiweiß von Eiern
fette Wurst
Rhabarber
Eingemachtes
Gekochtes in großen Mengen

* Unter dem historischen Aspekt (Original Hay) gesehen, gehören gekochte Tomaten und gekochter Spinat zu den Eiweißmahlzeiten.

** Unter historischen Gesichtspunkten (Original Hay) betrachtet, gilt Pfeffer als nicht empfehlenswert.

*** Unter historischen Gesichtspunkten (Original Hay) betrachtet, gelten rohe Rindersalami und roher Rinderschinken als neutral, unter analytischem Aspekt (Proteingehalt) gehören sie zur Eiweißgruppe.

Lebensmitteltabelle

(Chemie der Lebensmittel nach Rein-Stepp)

	100 g des Lebensmittels enthalten in Gramm Eiweiß	Fett	Kohlen-hydrate	Asche (Mineralien)
Konzentrierte Lebensmittel – vorwiegend eiweißhaltig				
Kalbfleisch, fett	19,0	11,0	Spur	1,0
Rindfleisch, mager	21,0	4,0	Spur	1,1
Hühnerfleisch, fett	19,0	9,0	Spur	0,9
Gänsefleisch	14,0	44,0	Spur	0,7
Blutwurst	14,0	32,0	Spur	2,7
Hühnerei	14,0	11,0	0,6	0,9
Kabeljau	16,0	0,3	–	1,3
Hecht	18,0	0,4	–	1,2
Hering	20,0	17,0	–	14,0
Aal	12,0	28,0	–	0,9
Magerkäse	38,0	2,0	3,0	4,4
Sojamehl, entfettet	50,0	0,3	26,0	6,0
Vollmilch	3,4	3,4	4,7	0,75
Saures Obst				
Äpfel, frisch	0,4		14	0,4
Apfelsinen	0,8		14	0,5
Erdbeeren	1,0		9	0,7
Himbeeren	1,0		8	0,6
Pflaumen	0,8		17	0,5

Nicht empfohlene Leguminosen

Bohnen, Kerne	26,0	2,0	47,0	3,0
Erbsen, getr.	23,0	2,0	52,0	3,0
Linsen	26,0	2,0	53,0	3,0

Die Tabelle gibt Richtwerte.
Die Inhaltsstoffe der Lebensmittel variieren durch die Bodenbeschaffenheit, den Reifegrad und andere Unterschiede innerhalb einer Sorte. Dies ist auch der Grund für die Abweichungen in den verschiedenen Lebensmitteltabellen.

Rezeptteil

Zu Beginn des Rezeptteils seien einige Hinweise zu den Rezepten sowie kurze Erläuterungen zu den verwendeten Lebensmitteln vorangestellt.

Wir haben für Sie den Rezeptteil dieses Buches völlig überarbeitet bzw. neu gestaltet.

Die Rezepte sind immer für **vier** Personen bemessen.

Außer der Qualität der Lebensmittel (soweit wie möglich aus biologischem Anbau, frisch und möglichst naturbelassen verwendet) beachten wir die wertschonende bzw. werterhaltende Zubereitung derselben.

Das heißt, daß die Lebensmittel nur solange gegart werden wie es unbedingt notwendig ist (lange Stehzeiten vermeiden, da sonst der Vitamin- und Mineralgehalt mit jeder vergeudeten Minute deutlich sinkt). Auch das zu lange Verweilen der Lebensmittel im geputzten und gewaschenen Zustand (z. B. Kartoffeln schon morgens für abends schälen und im Wasser aufbewahren) wirkt sich negativ auf den Vitamin- und Mineralgehalt aus.

Aus den oben beschriebenen Gründen empfiehlt sich die Anschaffung einer Getreidemühle, um so auch die Getreide und Ölsaaten immer frisch zur Verfügung zu haben.

Gewürze und Kräuter

Alle Speisen können durch einheimische und ausländische Gewürzkräuter erheblich verbessert werden. Zu den gebräuchlichsten einheimischen Kräutern zählen: Basilikum, Beifuß, Bohnenkraut, Borretsch, Dill, Estragon, Fenchel, Kerbel, Knoblauch, Kümmel, Lavendel, Lauch, Majoran, Petersilie, Pfefferminze, Pimpinelle, Salbei, Schnittlauch, Sellerie, Thymian, Wermut und Zwiebeln.

Von den ausländischen Gewürzen nehmen wir meist: Curry, Muskatblüte, Nelken, Paprika, Kardamom und Zimt.

Auch Wildkräuter stehen uns zur Verfügung: Brennessel, Brunnenkresse, Löwenzahn, Sauerampfer, Schafgarbe. Es ist besser, Wildkräuter ohne andere Gewürze zu verwenden. Generell sollte wenig Kochsalz verwendet werden. Zu empfehlen sind Vollmeersalz oder auch Gewürzmischungen (wie Frugola, Cenofix, Brechts Kräutersalz, Delicata).

Die verwendete vegetarische Streuwürze ist ein Streuwürzmittel auf vegetarischer Basis und kann in jedem Reformhaus erworben werden. Von Dr. Hay nicht empfohlene Gewürze wie Senf, Meerrettich, Ingwer sind nur in geringen Mengen zu verwenden.

Speisezutaten

Mit Sahne-Wasser ist ein Gemisch aus Sahne und Wasser im Verhältnis 1 zu 2 gemeint. Dies kann je nach Geschmack in jede Richtung verändert werden.

Beim verwendeten Pflanzenfett sollte der gehärtete Teil so gering wie möglich oder besser gar nicht vorhanden sein. Das Pflanzenöl sollte kaltgepreßt sein, z. B. Sonnenblumenöl von Rapunzel oder ein hochwertiges Olivenöl.

Aus gegebenem Anlaß möchten wir nochmals auf die umsichtige Verwendung von Frischei hinweisen. Z. B.: Bei selbst hergestellten Mayonnaisen ist unbedingt auf die bekannten Hygienevorschriften zu achten. Es ist besser, ein gekauftes Produkt zu verwenden als sich der Gefahr einer Salmonellenvergiftung auszusetzen. Verwenden Sie Frischei nur dann, wenn Sie genau wissen, woher die Eier stammen und wie alt sie sind.

Laßt unsere Nahrung so natürlich wie möglich!

Wir brauchen die Nähr- und Vitalstoffe nicht als Präparate, sondern in naturgegebener und naturbelassener Form.

Im Sinne der Hayschen Trennkost bereiten wir das Körnermüsli nicht mit Äpfeln, Birnen, Beeren oder anderen zunächst ein saures Milieu schaffenden Früchten zu. Wir nehmen dazu Bananen, Feigen, Datteln, Sultaninen oder Heidelbeeren, die die Kohlenhydrataufspaltung nicht beeinträchtigen.

Im ganzen Getreidekorn, in den Randschichten und besonders im Keimling, aus dem ja neues Leben entstehen soll, drängt die Natur ihre besten Kräfte auf kleinstem Raum zusammen. Im Keimling sind z. B. die Vitamine vielfach konzentrierter als im Getreidekorn.

Die Getreidekörner, ob ganz, frisch geschrotet oder frisch geflockt, in Wasser entsprechend eingeweicht, nicht durch Erhitzungsprozesse im Wert vermindert, sind Nähr- und Heilmittel zugleich. Das Frischkornmüsli mit gekeimten Getreidekörnern ist sehr zu empfehlen.

Bei einigen Rezepten kommt Speck in leicht gedünsteter Form vor. Sie können diesen jeweils durch etwas Butter ersetzen. Wer Trennkost ißt, wird bald merken, daß das Bedürfnis nach Fleisch im Verlauf der Zeit abnimmt, die Fleischportionen kleiner und die Gemüseportionen größer werden.

Keine Angst, daß Sie dann zu wenig Proteine haben. Es kommt weniger auf die Quantität, sondern mehr auf die Qualität an.

Beim (Rindfleisch-)Einkauf sollte besonders darauf geachtet werden, welches die Bezugsquellen der Metzger sind. Leider gibt die Angabe der Herkunft auch keine 100prozentige Garantie für einwandfreies Fleisch (BSE-Gefahr, Problematik der Tiermehlfütterung), doch wächst durch dieses Verhalten der Verbraucher der Druck auf die Erzeuger.

In pflanzlichen Lebensmitteln haben Sie hochwertiges, naturbelassenes und damit stoffwechselaktives Eiweiß.

In einigen Rezepten wird ebenfalls noch Pfeffer zum Würzen angegeben. Sie können denselben mit Würzkräutern wie z. B. Bohnenkraut ersetzen.

Wer täglich für reichlich Bewegung in frischer Luft sorgt, kann die aufgenommene Nahrung besser, d. h. schneller und gründlicher verarbeiten und ruhig zwei Kohlenhydratmahlzeiten am Tag einnehmen.

Die Abendmahlzeit sollte nicht zu spät, möglichst nicht nach 18.00 Uhr eingenommen werden. Später eingenommene Mahlzeiten stehen mit dem Tagesrhythmus der Leber nicht in Einklang. Nehmen Sie sich Zeit, Ihr Essen in Ruhe zu genießen und es gründlich zu kauen. Je gründlicher Sie kauen, um so vollständiger kann die Nahrung vom Organismus verarbeitet und aufgenommen werden. Sie brauchen weniger, um satt zu sein.

Wir empfehlen, Salate möglichst vor der Hauptmahlzeit zu essen, dadurch wird die schnellere Magen-Darmpassage des Salates erleichtert, und es stellt sich eher ein Sättigungsgefühl ein, was dem Zuvielessen entgegenwirkt.

Wir wünschen Ihnen beim Ausprobieren der Rezepte guten Appetit und viel Erfolg.

Im Rezeptteil verwendete Abkürzungen

EL = Eßlöffel
TL = Teelöffel
Msp. = Messerspitze
g = Gramm
kg = Kilogramm
l = Liter
ml = Milliliter

Kohlenhydratmahlzeiten

Gebackene Semmelscheiben auf Champignonrahmsoße und Mandelbrokkoli

Kohlenhydrate

Zutaten:
300 g Vollkornbrötchen, altbacken
1/4 l Sahne-Wasser
1 Zwiebel, gewürfelt
25 g Butter
3 Eigelb
50 g Vollkornmehl
Kräutersalz, Muskat
Petersilie, gehackt
Alufolie zum Einpacken
40 g Pflanzenfett

Champignonrahmsoße:
250 g Champignons, in Scheiben geschnitten
1/2 Zwiebel, fein gehackt
20 g Butter
100 ml Sahne
Kräutersalz, Streuwürze
1 Eigelb
1 Bund Petersilie, gehackt

Brokkoli:
600 g Brokkoliröschen
40 g Butter
50 g Mandelblättchen
Kräutersalz, Muskat, Streuwürze

Die Brötchen in kleine Würfel schneiden. Das erwärmte Sahne-Wasser auf die Würfel gießen und beiseite stellen. Die Zwiebelwürfel in der Butter glasig dünsten und mit Eigelb, dem Mehl, den Gewürzen sowie der gehackten Petersilie zu der Brötchenmasse geben. Alles gut miteinander vermischen und in einem Stück Alufolie wurstförmig einrollen. Dabei die Enden gut verschließen (Alufolie muß kochstabil sein). Die Rolle in kochendes Salzwasser legen und ca. 30 – 35 Min. durchziehen lassen. Danach in kaltem Wasser abschrecken, auspacken und auskühlen lassen. Jetzt in daumendicke Scheiben schneiden und im Pflanzenfett goldgelb braten.

Die Zwiebelwürfel und die Champignonscheiben in der zerlassenen Butter weich dünsten. Dann mit Sahne auffüllen, würzen und etwas einkochen lassen. Vom Herd nehmen, das Eigelb einrühren, mit gehackter Petersilie bestreuen.

> Vorsicht: Soße darf, nachdem das Eigelb zugesetzt wurde, nicht mehr kochen.

Die Brokkoliröschen in reichlich Salzwasser weich blanchieren. Die Mandelblättchen in der zerlassenen Butter leicht rösten, mit Salz, Streuwürze und Muskat würzen und über den abgetropften Brokkoli gießen.

Zubereitungszeit: ca. 50 Minuten

Pikante Champignontorte

Kohlenhydrate

Zutaten:
150 g Vollkornweizenmehl
1/4 TL Meersalz
1 Eigelb
100 g weiche Butter
wenn nötig, etwas Wasser
10 g Butter zum Einfetten

Zutaten für den Belag:
1 kg Champignons in Scheiben
40 g Butter
1 TL Streuwürze
2 Knoblauchzehen
100 ml Sahne
200 g Frischkäse
Wasser

Aus Vollkornweizenmehl, Salz, Eigelb, Butter einen Teig bereiten und in eine gefettete Springform geben.

Die Champignons in der Butter dünsten, bis die Flüssigkeit verdampft ist. Mit Streugewürz und Knoblauch würzen, dann mit Sahne verfeinern. Diese Masse auf den Teig geben. Den Frischkäse mit etwas Wasser sämig rühren und auf die Pilze geben. Die Torte bei 180°C ca. 40–50 Min. backen und warm servieren.

Zubereitungszeit: ca. 30 Minuten

◀

Schafskäsepizza

Kohlenhydrate

Zutaten:
350 g Vollkornmehl
20 g Hefe
200 ml Wasser
30 ml Öl
1 TL Vollmeersalz
20 g Butter zum Bestreichen des Backblechs

Zutaten für den Belag:
1 Zwiebel, in Ringe geschnitten
250 g Lauch, in Ringe geschnitten
2 EL Öl
300 g Schafskäse, gewürfelt
1 Becher saure Snhne
Basilikum
Kräutersalz, Streuwürze
200 g Oliven
Oregano

Aus Mehl, Hefe, Wasser, Öl und Salz einen Hefeteig bereiten und gehen lassen. Ein Backblech mit Butter einfetten und den Teig darauf ausrollen. Die Zwiebel und den Lauch im Öl glasig dünsten, 100g vom Schafskäse und die saure Sahne sowie das Basilikum dazugeben, würzen und gut verrühren. Diese Masse auf den Teig streichen und mit dem restlichen Schafskäse und den Oliven belegen. Mit Oregano bestreuen und bei 200°C 20–25 Min. backen.

Zubereitungszeit: ca. 40 Minuten

Grünkernschnitten

Kohlenhydrate

Zutaten:
250 g geschroteten Grünkern
200 g Lauch, gewürfelt
2 EL Öl
500 g Quark
100 g Schmand
2 Eigelb
Kräutersalz, Muskat
Schnittlauch, Estragon
20 g Butter
Semmelbrösel
100 g Wörishofener Käse 60% Fett i. Tr. gerieben

Den Grünkern in Wasser aufkochen und ausquellen lassen. Den Lauch in Öl anschwitzen und auskühlen lassen. Den Quark, den Schmand und das Eigelb verrühren und würzen. Alle Zutaten vermischen und in eine gefettete, mit Semmelbrösel ausgestreute Form geben. Mit dem Käse bestreuen und bei 180°C etwa 40 Min. backen.

Zubereitungszeit: ca. 60 Minuten

Gebackene Polenta mit Gemüsegulasch

Kohlenhydrate

Zutaten:
600 ml Wasser
Kräutersalz
120 g Maismehl
40 g Butter
60 g geriebener Käse über 60% Fett i. Tr.
Olivenöl zum Braten

Gemüsegulasch:
je 200 g in Würfel geschnittene Zucchini, Auberginen, Zwiebeln, Tomaten und Paprika
40 g Bratfett
2 EL Tomatenmark
200 ml Wasser
Kräutersalz, Streuwürze
Kräuter der Provence
Petersilie, gehackt, zum Bestreuen

Das Wasser mit dem Salz aufkochen und das Maismehl einrühren. Unter ständigem Rühren ca. 15 Min. köcheln lassen, bis die Polenta dick ist. Dann die Butter und den Käse einrühren und auf ein Backblech fingerdick aufstreichen. Zum Auskühlen beiseite stellen.

Die Gemüsewürfel im heißen Bratfett gut anbraten. Das Tomatenmark hinzugeben und kurz mitrösten. Mit Wasser ablöschen, mit den Gewürzen abschmecken und ca. 15 Min. einkochen lassen.

Die Polenta in beliebig gewählten Formen ausstechen und im Olivenöl ausbraten, bis sie goldgelb sind. Die Polenta mit dem Gemüsegulasch anrichten und mit gehackter Petersilie bestreuen.

Zubereitungszeit: ca. 40 Minuten

Buchweizenfrikadellen

Kohlenhydrate

Zutaten:
200 g Buchweizen
2 Zwiebeln, gehackt
20 g Butter
1 TL Koriander
1 TL Basilikum
1–2 TL Vollkornweizenmehl
1 TL Majoran
Kräutersalz, Knoblauch
2–3 Eigelb
30 g Bratfett

Den Buchweizen in 1 l Wasser langsam gar kochen und etwa 15–20 Min. ausquellen lassen. Die Zwiebeln in der Butter anschwitzen. Alle Zutaten zu einer festen Masse vermischen und Frikadellen daraus formen. Im heißen Bratfett ausbacken.

Zubereitungszeit: ca. 40 Minuten

Gebackene Kartoffeln

Kohlenhydrate

Zutaten:
600 g Kartoffeln, gekocht und in Scheiben geschnitten
20 g Butter
15 g Vollkornmehl
200 ml Sahne-Wasser
Kräutersalz, Muskat, Streuwürze
Petersilie, gehackt

Aus der Butter, dem Mehl und dem Sahne-Wasser eine Soße bereiten und würzen. Die Kartoffeln in eine Auflaufform geben, mit der Bechamelsoße übergießen und im Backofen bei 180°C 30–40 Min. backen. Vor dem Servieren mit gehackter Petersilie bestreuen.

Zubereitungszeit: ca. 40 Minuten

Gefüllte Kartoffeln

Kohlenhydrate

Zutaten für Rezept A:
800 g Kartoffeln (groß)
100 g Speck, gewürfelt
2 Zwiebeln, gewürfelt
3 Eigelb
Kräutersalz, Streuwürze
Petersilie, gehackt

Die Kartoffeln gut sauber bürsten und im Backofen gar backen. Die gegarten Kartoffeln pellen und ein wenig aushöhlen, so daß später eine Füllung hineingegeben werden kann. Die ausgehöhlte Kartoffelmasse treibt man durch ein Sieb, gibt die angebratenen Speckwürfel, die Zwiebeln, das Eigelb, die Gewürze und die Petersilie dazu, vermischt das Ganze und füllt damit die ausgehöhlten Kartoffeln. Diese werden dann im Backofen noch einmal ca. 15 Min. gebacken.

Zubereitungszeit: ca. 50 Minuten

Zutaten für Rezept B:
800 g Kartoffeln (groß)
2 große Zwiebeln, gewürfelt
250 g Champignons, gehackt
2 EL Öl
Kräutersalz, Streuwürze
40 g Butter

Die rohen, geschälten Kartoffeln werden ausgehöhlt, so daß später eine Füllung hineingegeben werden kann. Die Zwiebeln und die Champignons in etwas Öl anschwitzen und würzen. Die Champignon-Zwiebel-Masse in die Kartoffeln füllen, Butterflocken darüber geben und im Backofen bei 150°C gar backen.

Zubereitungszeit: ca. 50 Minuten

Kräuterkartoffeln mit Butter

Kohlenhydrate

Zutaten:
200 g Kartoffeln
30 g Butter
Petersilie, Schnittlauch, gehackt
Majoran, Thymian

Die Kartoffeln in Salzwasser garen und schälen. Anschließend halbieren und auf einem Teller anrichten. Mit Kräutern bestreuen, mit Butter belegen und schmelzen lassen. Heiß servieren.

Zubereitungszeit: ca. 30 Minuten

Kartoffel-Champignon-Auflauf

Kohlenhydrate

Zutaten:
750 g Kartoffeln, gekocht und in Scheiben geschnitten
1 Zwiebel, gewürfelt
500 g Champignons, in Scheiben
30 g Butter
200 g saure Sahne
3 Eigelb
Kräutersalz, Streuwürze, Muskat

Die Zwiebel und die Champignons in der heißen Butter anschwitzen und würzen. Die Kartoffelscheiben abwechselnd mit der Champignon-Zwiebel-Masse in eine Auflaufform füllen. Die obere Schicht sollten Kartoffeln sein. Die saure Sahne mit dem Eigelb vermischen, würzen und über die Kartoffeln gießen. Den Auflauf bei 180°C ca. 30 Min. überbacken.

Zubereitungszeit: ca. 40 Minuten

Kartoffelauflauf

Kohlenhydrate

Zutaten:
20 g Butter
2 Knoblauchzehen
1 Zwiebel, gewürfelt
250 ml Sahne
Kräutersalz, Streuwürze, Muskat
600 g Kartoffeln, geschält und in Scheiben geschnitten
100 g Brokkoliröschen
100 g Lauch, in Ringe geschnitten
100 g Karotten in Scheiben

In der heißen Butter die Zwiebel und den Knoblauch anschwitzen und mit der Sahne ablöschen. Mit Salz, Streuwürze, Muskat würzen und ca. 5 Min. durchkochen (Vorsicht: kocht leicht über). Die Kartoffelscheiben mit dem Gemüse mischen und mit der heißen Sahne übergießen. Nochmals vermischen und in einer Auflaufform ca. 50 Min. bei 150°C backen.

Zubereitungszeit: ca. 30 Minuten

Würzkartoffeln

Kohlenhydrate

Zutaten:
500 g Kartoffeln (Salatware)
1 große Zwiebel, fein gehackt
2 Knoblauchzehen, gehackt
3 EL Bratfett
Kräutersalz, Kümmel

Die Kartoffeln im Dampf garen, erkalten lassen, schälen und in Scheiben schneiden. Die Zwiebel und den Knoblauch im heißen Pflanzenöl anschwitzen, die Kartoffeln dazugeben und mit Salz und Kümmel gut würzen.

Zubereitungszeit: ca. 35 Minuten

Kartoffelpüree

Kohlenhydrate

Zutaten:
500 g Kartoffeln, geschält
20 g Butter
100 ml Sahne-Wasser
Kräutersalz, Muskat
Petersilie, gehackt

Die Kartoffeln in Salzwasser kochen und durch eine Kartoffelpresse drücken. Die Butter, das Sahne-Wasser und die Gewürze dazugeben und mit einem Schneebesen kräftig durchrühren (bei Bedarf noch etwas Sahne-Wasser dazugeben). Das Püree mit Petersilie bestreuen und servieren.

Zubereitungszeit: ca. 30 Minuten

Bauernfrühstück

Kohlenhydrate

Zutaten:
500 g Pellkartoffeln in Scheiben geschnitten
30 g Pflanzenfett
1 Zwiebel, gewürfelt
100 g Speckwürfel
Kräutersalz, Paprika, Streuwürze
3 Eigelb
2 Essiggurken
Petersilie, gehackt

Im heißen Pflanzenfett die Speckwürfel und die Zwiebel leicht anbraten. Die Kartoffelscheiben dazugeben, mit Salz, Paprika und Streuwürze abschmecken und alles nochmals braten. Jetzt das verquirlte Eigelb darübergießen und stocken lassen. Das fertige Bauernfrühstück auf einen Teller stürzen, mit Petersilie und mit je einer halben Essiggurke garnieren und servieren.

Zubereitungszeit: ca. 50 Minuten

Kartoffeln in der Schale

Kohlenhydrate

Zutaten:
500 g kleine Kartoffeln
50 g Butter
Kräutersalz, Kümmel

Die Kartoffeln gut sauber bürsten und halbieren. Die Schnittflächen mit Butter bepinseln und mit Salz und Kümmel bestreuen. Die Kartoffeln auf einem Blech ca. 45 Min. bei 150 °C backen.

Zubereitungszeit: ca. 25 Minuten

Petersilienkartoffeln mit Schwarzwurzeln und rohem Rinderschinken

Kohlenhydrate

Zutaten:
600 g geschälte Kartoffeln
40 g Butter
1 Bund Petersilie, gehackt
Salz zum Kochen

Schwarzwurzeln:
800 g Schwarzwurzeln, küchenfertig
200 ml Sahne
20 g Butter
Kräutersalz, Streuwürze, Muskat
8 Scheiben rohen Rinderschinken

Die Kartoffeln nicht zu weich garen. Die Butter in einem flachen Topf zerlassen und die Kartoffeln mit der gehackten Petersilie darin schwenken.

Die Schwarzwurzeln in der Sahne mit der Butter kurz aufkochen. Mit den Gewürzen abschmecken und kurz einkochen lassen.

Die Kartoffeln mit den Schwarzwurzeln und dem Rinderschinken anrichten.

Zubereitungszeit: ca. 40 Minuten

Quarkküchlein

Kohlenhydrate

Zutaten:
300 g Kartoffeln vom Vortag
300 g Quark, ausgedrückt
50 g Rosinen
30 g Bratfett

Die Kartoffeln reiben und mit dem Quark und den Rosinen vermischen. Aus der Masse kleine Frikadellen formen und in heißem Fett anbraten.

Zubereitungszeit: ca. 30 Minuten

Zucchini, gefüllt mit Kartoffelpüree, Röstzwiebeln und Kräutersoße

Kohlenhydrate

Zutaten:
2 mittelgroße Zucchini
Kräutersalz, Streuwürze
20 g Butter

Kartoffelpüree:
800 g Kartoffeln, geschält
150 ml Sahne-Wasser
Kräutersalz, Muskat
1 Bund Petersilie, gehackt

Kräutersoße:
100 g Schalotten, fein gewürfelt
20 g Butter
300 ml Sahne
je 1 Bund Petersilie, Schnittlauch und Dill, fein gewiegt
Kräutersalz, Streuwürze

Röstzwiebeln:
2 große Gemüsezwiebeln
20 g Butter
Kräutersalz, Paprika

Die Zucchini waschen und der Länge nach halbieren. Mit einem Eßlöffel das Fleisch etwas herauskratzen und beiseite stellen (kann ins Püree gegeben werden).

20 g Butter in einem flachen Topf zerlassen, die Zucchini hineinlegen, würzen und etwas Wasser dazugießen. Das Ganze ca. 5 Min. mit geschlossenem Deckel dünsten. Zur späteren Weiterverwendung die Zucchinihälften auf ein Backblech legen.

Die Kartoffeln in Salzwasser weich garen und durch die Kartoffelpresse drücken. Das Sahne-Wasser darübergießen, würzen und mit einem Rührgerät gut durchrühren. Zum Schluß die gehackte Petersilie unterrühren. Das Kartoffelpüree etwas abkühlen lassen und mit einem Spritzbeutel (große Tülle) auf die Zucchinihälften dressieren. Das Ganze im Backofen bei 150 °C goldgelb überbacken.

Die Schalotten in der Butter glasig dünsten. Mit der Sahne auffüllen und auf die richtige Konsistenz einkochen lassen. Dann die fein gewiegten Kräuter hineingeben, würzen und ca. 10 Min. ziehen lassen.

Die Gemüsezwiebeln in der zerlassenen Butter goldbraun braten, würzen und beim Anrichten über die gefüllten Zucchinihälften verteilen. Mit etwas Kräutersoße nappieren und servieren.

Zubereitungszeit: ca. 45 Minuten

In Sesam panierte Sellerieschreiben mit Kartoffel-Möhrenpüree

Kohlenhydrate

Zutaten:
8 Selleriescheiben, geputzt, á ca. 100 g
Sesam zum Panieren
4 Eigelb, verquirlt mit etwas Wasser
40 g Pflanzenfett
20 g Butter
Kräutersalz, Streuwürze

Kartoffel-Möhrenpüree:
500 g Kartoffeln, geschält
300 g Karotten, geschält
200 ml Sahne- Wasser, Verhältnis 2 : 1
Kräutersalz, Muskat
1 Bund Petersilie, gehackt

Die Selleriescheiben in reichlich Salz wasser blanchieren und danach in kaltem Wasser abschrecken. Mit Salz und Streuwürze würzen, dann in mit Wasser verquirltem Eigelb und Sesam panieren. Das Pflanzenfett und die Butter in einer Pfanne erhitzen und die panierten Selleriescheiben goldbraun darin ausbacken.

Die Kartoffeln mit den Karotten weich garen und durch die Kartoffelpresse drükken. Das Sahne-Wasser und die Gewürze sowie die gehackte Petersilie dazugeben und mit einem Rührgerät verrühren.

Zubereitungszeit: ca. 45 Minuten

◀ 

Frischer Spargel mit Sauce hollandaise, Petersilienkartoffeln und rohem Rinderschinken

Kohlenhydrate

Zutaten:
2 kg frischen deutschen Spargel
2 l Wasser
20 g Salz
10 g Zucker
Saft einer Orange
8 Scheiben rohen Rinderschinken

Petersilienkartoffeln:
1 kg geschälte Kartoffeln
Salz
20 g Butter
Petersilie, gehackt

Sauce hollandaise:
1 EL Essig
6 EL Wasser
etwas Zitronensaft
Kräutersalz
2 Schalotten, gehackt
4 Eigelb
250 g Butter

Den Spargel vom Kopf zum unteren Ende mit einem Spargelschäler rundherum schälen. Danach gut abspülen und mit einer dünnen Schnur in acht Portionen bündeln. Das Wasser mit den Gewürzen zum Kochen bringen und den Spargel darin ca. 15 Min. garen.

Die Kartoffeln in Salzwasser garkochen, in der Butter anschwenken und mit gehackter Petersilie bestreuen.

In einem Topf 4 EL Wasser mit dem Essig, dem Zitronensaft, dem Salz und den Schalotten aufkochen und ziehen lassen. Dann abpassieren und nochmals kurz einkochen. Diesen Gewürzsud in eine Schüssel geben, mit 2 EL kaltem Wasser und dem Eigelb verrühren. Im Wasserbad bei ca. 60 °C aufschlagen, bis die Masse cremig wird.

In der Zwischenzeit die Butter in einem Topf klären. (Klären heißt: Man läßt die Butter aufkochen, bis das darin enthaltene Wasser verdampft ist. Vorsicht, sie sollte dabei keine Farbe annehmen.) Die noch warme Butter wird jetzt langsam (tropfenweise) in die cremig geschlagene Eigelbmasse gerührt. Bei zu starkem Eindicken der Soße kann noch etwas Wasser hinzu gefügt werden.

Jetzt den Spargel, die Petersilienkartoffeln und den Schinken anrichten und den Spargel mit der Soße überziehen.

Tip: Wegen der Salmonellengefahr die Soße mit frischem Eigelb zubereiten und sofort verbrauchen.

Zubereitungszeit: ca. 40 Minuten

Kartoffelrösti mit Lauchgemüse überbacken

Kohlenhydrate

Zutaten:

Kartoffelrösti:
800 g Kartoffeln, roh geschält und gerieben
3 Eigelb
Kräutersalz, Streuwürze
40 g Pflanzenfett

Lauchgemüse:
1 kg Lauch in feine Ringe geschnitten
20 g Butter
Kräutersalz, Muskat, Streuwürze
200 ml Sahne
300 g Käse, gerieben, über 60% Fett

Die roh geriebenen Kartoffeln gut ausdrücken und mit dem Eigelb und den Gewürzen vermischen. Aus der Masse kleine Pfannkuchen formen und im heißen Fett goldbraun ausbacken. Zum Abkühlen auf ein Backblech legen.

Den Lauch in der Butter leicht andünsten. Mit der Sahne auffüllen, würzen und ca. 10 Min. einköcheln lassen. Die Lauchmasse auf den Pfannkuchen verteilen, mit Käse bestreuen und im Backofen ca. 10–15 Min. bei 160 °C überbacken.

Zubereitungszeit: ca. 40 Minuten

Überbackene Gemüse-Kartoffel-Rösti

Kohlenhydrate

Zutaten:
800 g Kartoffeln, geschält
4 Eigelb
2 EL Weizenvollkornmehl
Kräutersalz, Streuwürze, Muskat
60 g Pflanzenfett zum Braten
400 g Brokkoliröschen
400 g Blumenkohlröschen
24 Stangen Spargel, geschält

Zutaten für die Soße:
50 g Butter
1 EL Vollkornmehl
1/4 l Gemüsebrühe
2 Eigelb
Kräutersalz, Streuwürze
8 Scheiben Käse, über 60% Fett i. Tr., zum Überbacken

Die Kartoffeln roh raspeln, mit dem Eigelb und dem Weizenmehl verrühren und würzen. Aus dieser Masse 8 Rösti im heißen Pflanzenfett goldgelb ausbacken. Die fertigen Rösti zur späteren Weiterverwendung auf ein Backblech setzen.
Die Gemüsesorten entsprechend ihrer Garzeit in reichlich Salzwasser blanchieren und sofort in kaltem Wasser abschrekken. Die 8 Rösti mit dem gut abgetropften Gemüse gleichmäßig belegen.

Die Butter zerlassen und mit dem Vollkornmehl verrühren. Mit kalter Gemüsebrühe auffüllen und aufkochen lassen. Dann vom Herd nehmen, das Eigelb unterrühren und mit Salz und Streuwürze abschmecken. Evtl. mit Sahne verfeinern. Vorsicht: Soße darf nicht mehr kochen.

Je 2 EL der Soße über jeden Gemüserösti geben, mit je einer Scheibe Käse belegen und im Backofen ca. 10–15 Min. bei 180 °C überbacken.

Zubereitungszeit: ca. 50 Minuten

Kaiserschmarrn

Kohlenhydrate

Zutaten:
500 g Vollkornweizenmehl
8 Eigelb
150 ml Sahne-Wasser
4 EL Honig
1 Prise Salz
100 g Rosinen
100 g Mandelblätter
Öl zum Backen

Das Eigelb mit dem Sahne-Wasser und dem Honig sowie dem Salz verrühren. Das Mehl hinzugeben und 10 Min. quellen lassen. In einer Pfanne das Öl erhitzen, Rosinen und Mandelblätter hineingeben und mit dem Schöpflöffel den Teig hinzugeben. Das Ganze von beiden Seiten goldbraun backen und mit 2 Gabeln zerreißen. Dazu passen Vanillesoße, Heidelbeeren und Zimt.

Zubereitungszeit: ca. 25 Minuten

Quarkklöße

Kohlenhydrate

Zutaten:
250 g Quark
300 g Vollkornweizenmehl
1 Eigelb
1 EL Honig
1 Prise Meersalz
50 g Butter
Honig und Zimt

Alle Zutaten miteinander vermengen und daraus Klöße formen, die man in kochendem Wasser gart. Anschließend schwenkt man die Klöße in der Butter und serviert sie mit Honig und Zimt.

Zubereitungszeit: ca. 20 Minuten

Quarkauflauf

Kohlenhydrate

Zutaten:
125 g Butter
120 g Honig
250 g Quark
2 Eigelb
1 Prise Vanillepulver
60 g Mandeln, gehackt
60 g Sultaninen
300 g Vollkornweizenmehl
½ Pck. Backpulver

Die Butter und den Honig miteinander verrühren. Dann den Quark und das Eigelb sowie Vanillepulver, Mandeln, Sultaninen und zuletzt das Vollkornweizenmehl, das mit dem Backpulver vermischt wurde, dazugeben. Man backt das Ganze in einer Auflaufform. Der Quarkauflauf kann auch kalt gegessen werden.

Zubereitungszeit: ca. 25 Minuten

Hefepfannkuchen

Kohlenhydrate

Zutaten:
500 g Vollkornmehl
20 g Hefe
1 Prise Salz
Wasser nach Bedarf
Öl zum Backen

Füllung:
250 g Quark, gut ausgedrückt
1 EL Honig
50 ml Sahne
einige Rosinen

Aus den Zutaten einen dünnflüssigen Teig bereiten, den man ca. 15 Min. quellen läßt. Dann daraus dünne Pfannkuchen backen. Aus Quark, Honig, Sahne und Rosinen eine glatte Masse herstellen und damit die heißen Pfannkuchen füllen.

Füllvariationen: Heidelbeeren, Nußfüllung, Champignonfüllung

Zubereitungszeit: ca. 25 Minuten

Weißkrautbratlinge

Kohlenhydrate

Zutaten:
1500 g Weißkraut
6 EL Grünkern, gemahlen
1 Zwiebel, gehackt
Semmelmehl
Kräutersalz, Streuwürze, Paprika
Öl zum Braten

Das Weißkraut zerkleinern und blanchieren. Danach wird es püriert und mit den restlichen Zutaten vermengt. Die Masse ½ Std. stehenlassen, dann Bratlinge formen. Die Bratlinge in Semmelmehl drehen und in Öl ausbacken.

Zubereitungszeit: ca. 30 Minuten

Dinkel mit Banane

Kohlenhydrate

Zutaten:
280 g Dinkel, volles Korn
2 Bananen in Scheiben
400 g Sahne-Dickmilch
1 EL Honig
4 EL Rosinen
2 EL Mandeln, gehackt

Den Dinkel über Nacht einweichen, am nächsten Tag 25 Min. kochen und ausquellen lassen. Dann alle Zutaten miteinander verrühren und servieren.

Zubereitungszeit: ca. 25 Minuten

Dampfnudeln

Kohlenhydrate

Zutaten:
400 g Weizenschrot
125 g Butter
80 g Honig
30 g Hefe
1/8 l Sahne-Wasser
2 Eigelb zum Bestreichen
20 g Butter

A) Aus den Zutaten einen Hefeteig bereiten und 20 Minuten ruhen lassen. Dann fingerdick ausrollen und runde Stückchen ausstechen. Diese mit Eigelb bestreichen und auf ein gefettetes Backblech setzen. Nochmals gehen lassen und backen.

B) Man läßt in einem Topf 200 ml Wasser mit 20 g Butter und Salz kochen, setzt die rund ausgestochenen Dampfnudeln hinein und läßt sie bei schwacher Hitze ca. 20 Min. bei geschlossenem Topf garen, bis die Flüssigkeit aufgesogen ist.

Zubereitungszeit: ca. 35 Minuten

Lauchtaschen

Kohlenhydrate

Zutaten:
250 g Weizenvollkornmehl
2 Eigelb
1 Prise Kräutersalz
1 EL Öl
etwas Wasser
1 Stange Lauch, in feine Ringe geschnitten
50 g Butter
Petersilie, Schnittlauch, gehackt
2 Eigelb
Kräutersalz, Muskat
1 Eigelb zum Bestreichen
1 l Gemüsebrühe

Aus Mehl, Eigelb, Salz, Öl und Wasser einen Teig bereiten.

Die Lauchringe in der Butter weich dünsten, die Kräuter hinzugeben, würzen und vom Herd nehmen. Zum Schluß das Eigelb unterrühren.

Den Teig dünn ausrollen und kleine Rechtecke schneiden. Auf jedes Teigstück 1 EL Füllung geben, den Rand mit Eigelb bestreichen und fest zusammendrücken.

Die Taschen in kochender Gemüsebrühe 10 Min. köcheln lassen. Sie können als Suppeneinlagen und auch zu Salat gereicht werden.

Zubereitungszeit: ca. 40 Minuten

Buchweizenpfannkuchen

Kohlenhydrate

Zutaten:
250 g Buchweizenmehl
300 ml Wasser
50 g Butter
1 Prise Meersalz
1 Bund Schnittlauch
Öl zum Backen

Belag:
250 g Quark
2 EL kaltgepreßtes Öl
Kräuter nach Wahl
50 ml Sahne
Meersalz, Streuwürze
800 g Tomaten

Aus den Zutaten einen Teig herstellen und 10 Min. ruhen lassen. In heißem Öl dünne Pfannkuchen backen.

Aus Quark, Öl, Kräutern, Sahne und Gewürzen eine glatte Masse herstellen. Die Pfannkuchen mit den in Scheiben geschnittenen Tomaten belegen und mit dem Kräuterquark servieren.

Zubereitungszeit: ca. 30 Minuten

Quarkküchelchen

Kohlenhydrate

Zutaten:
500 ml Wasser
50 ml Sahne
80 g Honig
2 Eigelb
30 g Hefe
250 g Vollkornweizenmehl
250 g Quark
80 g Rosinen
40 g Butter
Zimt zum Bestreuen

Das Wasser kurz aufkochen und anschließend etwas abkühlen lassen. Die Sahne, den Honig, das Eigelb und die Hefe einrühren. Dann das Mehl dazugeben und zu einem Teig verkneten. Diesen 30 Min. ruhen lassen. Dann den Quark und die Rosinen unterkneten. Den Teig in kleine Küchlein teilen und in Butter ausbacken.

Die fertigen Küchlein mit Zimt bestreuen.

Zubereitungszeit: ca. 35 Minuten

Herzhafte Grießklöße

Kohlenhydrate

Zutaten:
200 ml Sahne
1/2 l Wasser
40 g Butter
1 TL Meersalz
Muskat
1 kl. Zwiebel, gerieben
300 g Vollkorngrieß
2 Eigelb
Petersilie, gehackt

Die Sahne mit dem Wasser, der Butter, dem Salz, der Zwiebel sowie dem Muskat kurz aufkochen. Dann den Vollkorngrieß einrühren, solange bis alles zu einem Kloß geworden ist. Anschließend das Eigelb und die Petersilie unterrühren. Aus der Masse Klöße formen und in kochendem Wasser 20 Min. ziehen lassen.

Die Klöße passen hervorragend zu Gemüseragout oder zu einer Käsesoße.

Zubereitungszeit: ca. 35 Minuten

Wirsingrouladen mit pikanter Reisfüllung und Käsesoße

Kohlenhydrate

Zutaten:
1 mittelgroßer Wirsingkopf
Salz

Reisfüllung:
150 g Naturreis
je 50 g Paprika rot, Paprika gelb und Paprika grün, fein gewürfelt
6 Champignonköpfe in Scheiben
20 g Butter
Kräutersalz, Streuwürze
Muskat
2 Eigelb
30 g Bratfett
1 kl. Zwiebel, gewürfelt

Käsesoße:
250 ml Sahne
100 g Gorgonzola Käse oder anderen Käse über 60% Fett i. Tr.
Kräutersalz, Streuwürze
evtl. frische Kräuter

Den Reis in reichlich Salzwasser ca. 30 Min. weich kochen und danach mit kaltem Wasser abschrecken. Zwischendurch die Kohlblätter ablösen und ca. 2 Min. in kochendem Salzwasser blanchieren. Danach ebenfalls mit kaltem Wasser abschrecken und zum Abtropfen auf ein Küchentuch legen.

Die Paprikawürfel und die Champignonscheiben in der Butter anschwitzen, würzen und mit dem Reis vermischen. Etwas abkühlen lassen und mit dem Eigelb verrühren. Diese Reis-Paprika-Mischung auf die blanchierten Wirsingblätter geben und zu Rouladen einrollen. Die Rouladen mit Zwirnfaden fixieren.

Die Zwiebelwürfel im Bratfett glasig werden lassen, die Wirsingrouladen darauf setzen, etwas Wasser dazugeben und zugedeckt ca. 30 Min. schmoren lassen.

Die Sahne aufkochen lassen, den Käse kleingeschnitten dazugeben, alles gut glattrühren, würzen und zur Wirsingroulade servieren. Die Soße kann mit frischen Kräutern verfeinert werden.

Zubereitungszeit: ca. 50 Minuten

Reisfrikadellen

Kohlenhydrate

Zutaten:
200 g Vollkornreis
500 ml Gemüsebrühe
1 Zwiebel, gewürfelt
1 Knoblauchzehe, gewürfelt
25 g Butter
250 g verschiedene Gemüse, zerkleinert (Möhren, Erbsen, Lauch . . .)
2 EL Schnittlauch
3 EL Haferflocken
Kräutersalz, Streuwürze, Muskat
Vollkornpaniermehl
40 g Bratfett

Den Reis in der Gemüsebrühe ca. 35 Min. kochen und ausquellen lassen. Die Zwiebel und den Knoblauch mit dem Gemüse in der Butter anschwitzen und auskühlen lassen. Den Reis, das Gemüse und die restlichen Zutaten miteinander vermengen und daraus Frikadellen formen (bitte nicht so groß, da sie leicht zerbrechen). Die Frikadellen in Paniermehl wenden und in heißem Fett ausbraten.

Zubereitungszeit: ca. 50 Minuten

◀

Mit Gemüserisotto gefüllte Paprikaschote auf Champignonrahmsoße

Kohlenhydrate

Zutaten:
4 große Paprikaschoten, rot
200 g Naturreis
1 kl. Zwiebel, gewürfelt
3 EL Pflanzenöl
Wasser zum Auffüllen
Kräutersalz, Streuwürze, Muskat
300 g verschiedene Gemüse, z. B. Karotten, Erbsen, Mais, Champignons

Champignonrahmsoße:
250 g Champignons in Scheiben geschnitten
½ Zwiebel, fein gehackt
20 g Butter
100 ml Sahne
Kräutersalz, Streuwürze
1 Eigelb
1 Bund Petersilie, gehackt

Die Paprikaschoten vom Deckel und dem Inhalt befreien und waschen. Die Zwiebelwürfel und den Reis im Pflanzenöl glasig dünsten. Mit 400 ml kochendem Wasser auffüllen, würzen und mit geschlossenem Deckel ca. 30 Min. kochen lassen. Ab und zu umrühren und, wenn nötig, noch etwas Wasser dazugeben. Der Reis ist gar, wenn sich keine Flüssigkeit mehr im Topf befindet. 5 Min. vor Kochende wird das Gemüse dazugegeben und mitgekocht. Den Reis und das Gemüse mit kaltem Wasser abschrecken und abtropfen lassen.

Dann den Gemüsereis in die Paprikaschoten füllen und in einer geschlossenen Auflaufform mit etwas Wasser im Backofen bei 200 °C ca. 40 – 50 Min. schmoren. Dabei die obere Reisschicht immer wieder mit dem Wasser beträufeln, da der Reis ansonsten austrocknet.

Die Zwiebelwürfel und die Champignonscheiben in der zerlassenen Butter weich dünsten. Dann mit Sahne auffüllen, würzen und etwas einkochen lassen. Das Ganze vom Herd nehmen, das Eigelb einrühren, mit gehackter Petersilie bestreuen und zur Paprikaschote servieren.

> Vorsicht: Soße darf, nachdem das Eigelb zugesetzt wurde, nicht mehr kochen.

Zubereitungszeit: ca. 50 Minuten

Gemischtes Gemüse auf Reis

Kohlenhydrate

Zutaten:
250 g Naturreis
100 g Karotten, in Scheiben geschnitten
100 g Brokkoliröschen
100 g Erbsen
200 g Spargelstücke
50 g Butter
Meersalz, Streuwürze, Muskat
Petersilie, gehackt

Die Gemüsesorten entsprechend ihrer Garzeit in Salzwasser blanchieren und abkühlen lassen. In dem Gemüsefond den Reis kochen und abschütten. Den Reis auf einem Teller anrichten und das Gemüse darauf verteilen. Die flüssige Butter, nachdem man sie gewürzt hat, über das Gemüse mit dem Reis gießen. Mit gehackter Petersilie bestreuen und servieren.

Zubereitungszeit: ca. 40 Minuten

◀

Safranreis mit Pilzen

Kohlenhydrate

Zutaten:
180 g Vollkornreis
1 EL Öl
1 kl. Zwiebel, gewürfelt
Kräutersalz, Safranpulver

400 g Champignons
1 kl. Zwiebel, gewürfelt
30 g Butter
Kräutersalz, Streuwürze
Petersilie, gehackt

Den Reis mit der Zwiebel im Öl glasig dünsten. Mit Salz und Safran würzen und mit 2 Teilen Wasser garen.

Die Champignons waschen und in Scheiben schneiden. Mit den Zwiebelwürfeln in der Butter weich dünsten und mit Salz und Streuwürze sowie der gehackten Petersilie abschmecken.

Zubereitungszeit: ca. 35 Minuten

Risotto mit Auberginen

Kohlenhydrate

Zutaten:
2 Knoblauchzehen, gehackt
2 Zwiebeln, gewürfelt
3 TL Öl
2 mittelgroße Auberginen, in Scheiben geschnitten
Basilikum
Curry, Paprika, Streuwürze
400 g Vollkornreis
Petersilie

Die Zwiebeln mit dem Knoblauch im heißen Fett anbraten, die Auberginen dazugeben und mitbraten. Mit den Gewürzen abschmecken und 20 Min. schmoren lassen. Den Reis in 2 Teilen Salz-Wasser gar kochen, bis das Wasser aufgesogen ist. Mit gehackter Petersilie servieren.

Zubereitungszeit: ca. 35 Minuten

Süßer Reisbrei

Kohlenhydrate

Zutaten:
8 EL gekochter Naturreis
400 g Sahne-Dickmilch
4 TL Honig
30 g Mandeln, grob gehackt
4 EL eingeweichte Rosinen
Zimt zum Bestreuen

Den Reis mit den restlichen Zutaten vermischen. Auf einem Teller anrichten und mit Zimt bestreuen.

Zubereitungszeit: ca. 40 Minuten

Reis mit Blumenkohl

Kohlenhydrate

Zutaten:
1 Blumenkohl in Röschen geteilt
250 g Naturreis
10 g Butter zum Einfetten
40 g Butter zum Belegen
Meersalz, Streuwürze
Petersilie, gehackt

Den Blumenkohl in Salzwasser knackig kochen und abkühlen lassen. In dem Blumenkohlwasser den Reis gar kochen. Eine Auflaufform mit Butter einfetten und den Reis mit dem Blumenkohl abwechselnd einsetzen. Nochmals würzen und mit Butterflöckchen besetzen. Den Auflauf im Backofen ca. 30 Min. backen. Mit gehackter Petersilie bestreuen und servieren.

Zubereitungszeit: ca. 50 Minuten

Spargelreis

Kohlenhydrate

Zutaten:
1 kg Spargel, geschält und in Stücke geschnitten
300 g Naturreis
40 g Butter
Meersalz Petersilie, gehackt

Den geschnittenen Spargel in Salzwasser ca. 10–15 Min. weich kochen. Mit der Schöpfkelle herausnehmen und in dem Spargelfond den Naturreis garen. Den Reis und den Spargel gibt man abwechselnd in eine Auflaufform und setzt Butterflocken darauf. Bei mittlerer Hitze ca. 20 Min. backen. Man serviert das Gericht mit gehackter Petersilie.

Zubereitungszeit: ca. 40 Minuten

Lasagne

Kohlenhydrate

Zutaten für den Nudelteig:
250 g Weizenvollkornmehl
2 Eigelb
1 EL Öl
Meersalz
evtl. etwas Wasser

Soße:
40 g Mehl
1/4 l Sahne-Wasser
2 EL geriebener Käse,
über 60% Fett i. Tr.
Meersalz, Muskat, Streuwürze

Gemüsefüllung:
1 Zwiebel gewürfelt
je 200 g fein gewürfelte Zucchini,
Möhren und Sellerie
100 g Champignons in Scheiben
2 – 3 EL Öl
Kräutersalz, Curry
Petersilie, gehackt
200 g Butterkäse 60% i. Tr., gerieben

Aus Mehl, Eigelb, Öl, Salz und evtl. Wasser einen Nudelteig bereiten und 2 Std. kühl stellen.
Aus dem Mehl, dem Sahne-Wasser, den Gewürzen und dem Käse eine Bechamelsoße herstellen.
Das Gemüse und die Zwiebel in dem Öl anschwitzen und mit den Gewürzen abschmecken.
Den Nudelteig dünn ausrollen und in Quadrate teilen. In eine gefettete Auflaufform ein Nudelquadrat legen, einen Löffel Gemüse darauf verteilen und eine Schöpfkelle Soße dazugeben. Dann wieder die nächste Schicht Nudelteig auflegen und wie vorher beschrieben den Arbeitsgang wiederholen, bis die Auflaufform fast gefüllt ist. Dann mit dem geriebenen Käse überstreuen und im Backofen bei 160 °C 40–50 Min. backen.

Zubereitungszeit: ca. 60 Minuten

Pilzspaghetti

Kohlenhydrate

Zutaten:
250 g Vollkornspaghetti
2 Zwiebeln, gewürfelt
2 Knoblauchzehen, gehackt
800 g Champignons in Scheiben
40 g Butter
Meersalz, Streuwürze, Basilikum
200 g Frischkäse, über 60% Fett i. Tr.

Die Zwiebel, den Knoblauch und die Champignons in der Butter anschwitzen. Mit den Gewürzen abschmecken, den Frischkäse dazugeben und schmelzen lassen. Die Spaghetti in Salzwasser kochen und auf einem Teller anrichten. Die Champignonsoße darübergeben und servieren.

Zubereitungszeit: ca. 35 Minuten

Vollkornnudelauflauf

Kohlenhydrate

Zutaten:
200 g Vollkornnudeln (Spiralen)
10 g Butter zum Einfetten
100 g Doppelrahmkäse
2 Eigelb
50 g saure Sahne
2 EL Vollkornmehl
Meersalz, Streuwürze, Muskat

Die Nudeln in Salzwasser garen und abseihen. In eine gefettete Auflaufform hineingeben. Auf die Nudeln gibt man Doppelrahmkäse in Flocken. Das Eigelb mit der sauren Sahne und dem Mehl verrühren, würzen und über die Nudeln gießen. Im Backofen bei 160 °C ca. 30 Min. überbacken.

Zubereitungszeit: ca. 25 Minuten

Käsespätzle

Kohlenhydrate

Zutaten:
250 g Vollkornmehl
5 Eigelb
50 ml Wasser
5 g Salz
20 g Butter
Muskat, Kräutersalz
150 g Wörishofener Käse 60% i. Tr., grobgerieben

Das Eigelb mit dem Wasser und dem Salz verquirlen und das Vollkornmehl dazugeben. Alles miteinander verrühren und den Teig schlagen, bis er Blasen wirft. Den Teig mit einem Spätzlehobel in kochendes Wasser geben und kurz aufkochen lassen. Die Spätzle herausnehmen und in kaltem Wasser abkühlen.
Die Butter in einer Pfanne erhitzen und die Spätzle darin goldbraun anbraten, würzen und den Käse darübergeben. Wenn der Käse anfängt zu laufen, können die Spätzle serviert werden.

Zubereitungszeit: ca. 40 Minuten

Vollkornbandnudeln mit Schafskäse

Kohlenhydrate

Zutaten:
200 g Vollkornbandnudeln
2 EL Öl
1 Zwiebel, gewürfelt
600 g Paprika, farblich gemischt, in Streifen
Meersalz, Streuwürze, Muskat
4 EL Wasser
300 g Schafskäse, über 60% Fett i. Tr., gewürfelt
Petersilie, gehackt

In dem Öl die Zwiebel und die Paprika anschwitzen, würzen und mit dem Wasser 5 Min. dünsten. Den Schafskäse dazugeben und zugedeckt bei abgeschaltetem Herd ziehen lassen. Die Vollkornbandnudeln in Salzwasser garen und mit der Soße servieren. Mit gehackter Petersilie bestreuen.

Zubereitungszeit: ca. 30 Minuten

Schnelles Nudelgericht

Kohlenhydrate

Zutaten:
200 g Vollkornnudeln
80 g Dörrfleisch, gewürfelt
1 Zwiebel, gewürfelt
2 EL Öl
2 Eigelb
4 EL Crème fraîche
4 EL Vollmilchjoghurt
Meersalz, Muskat, Oregano

Die Zwiebel und das Dörrfleisch in dem Öl anbraten und vom Herd nehmen. Das Eigelb mit der Crème fraîche und dem Joghurt sowie den Gewürzen verquirlen und zu dem Zwiebel-Dörrfleischgericht geben. Das Ganze wieder auf den Herd stellen und leicht stocken lassen. Die Vollkornnudeln in Salzwasser kochen und auf einem Teller anrichten. Die Soße darübergeben und servieren.

Zubereitungszeit: ca. 35 Minuten

Eiweißgerichte

Gedämpfte Hähnchenbrust auf Weißwein-Schnittlauch-Creme mit verschiedenen tournierten Gemüsen

Eiweiß

Zutaten:
4 Hähnchenbrüste à 150 g
20 g Butter
1 kl. Zwiebel, gewürfelt
100 ml Weißwein
Wasser
Meersalz, Lorbeerblatt, Streugewürz

Weißwein-Schnittlauch-Creme:
1 kl. Zwiebel, gewürfelt
20 g Butter
200 ml Sahne
4 cl Weißwein, nicht zu trocken
Kräutersalz, Streuwürze
2 Bund Schnittlauch, geschnitten
1 EL Crème fraîche

Gemüse:
je 200 g Möhren in Scheiben, Zucchinikugeln (ausgestochen mit einem Kugelausstecher)
Brokkoliröschen und Kohlrabihalbmonde
50 g Butter
Meersalz, Muskat, Streuwürze

Die Hähnchenbrüste waschen und trockentupfen. In der Butter die Zwiebelwürfel glasig dünsten, mit Weißwein und etwas Wasser auffüllen, würzen und kurz aufkochen lassen. Die Hähnchenbrüste darin ca. 12 Min. leicht köchelnd garen.

Die Zwiebelwürfel in der Butter glasig dünsten, mit dem Weißwein und der Sahne auffüllen, würzen und etwas einkochen lassen. Dann die Crème fraîche und den Schnittlauch hineingeben und verrühren. Nochmals kurz aufkochen lassen und servieren.

Die verschiedenen Gemüse entsprechend ihrer Garzeit in reichlich kochendem Salzwasser blanchieren und gleich wieder in kaltem Wasser abschrecken. In einem Sieb abtropfen lassen. Die Butter in einem Topf zerlassen, die Gemüse hinzugeben, würzen und kurz durchschwenken.

Jetzt die Hähnchenbrüste auf dem unteren Tellerteil anrichten, mit der Weißwein-Schnittlauch-Creme nappieren und die Gemüse auf dem oberen Tellerteil dazusetzen.

Zubereitungszeit: ca. 40 Minuten

Bunte Geflügel-Gemüse-Pfanne

Eiweiß

Zutaten:
600 g Hähnchenbrust, in Streifen geschnitten
Kräutersalz, Curry, Streuwürze, Paprika
je 250 g Möhren, Zucchini und Teltower Rübchen
60 g Pflanzenfett
3 mittelgroße Zwiebeln, gewürfelt
250 g Champignons, geviertelt
30 g Butter
1 Bund Petersilie, gehackt

Die Hähnchenbruststreifen mit Salz, Curry, Streugewürz und Paprika würzen und zugedeckt 2 Std. zum Durchziehen kühl aufbewahren.

Das Gemüse waschen und in beliebige Form bringen (tournieren). Seiner Garzeit entsprechend in reichlich kochendem Salzwasser blanchieren und gleich in kaltem Wasser abschrecken (je kälter das Wasser, desto besser bleibt die Farbe der einzelnen Gemüse erhalten) und abtropfen lassen.

Jetzt das Geflügelfleisch in einer großen Pfanne scharf anbraten und zum Abtropfen in ein Sieb geben. In der gleichen Pfanne die Zwiebeln und die Champignons anbraten und ebenfalls gut abtropfen lassen. Die Butter in die Pfanne geben, das Geflügelfleisch sowie die Champignons mit den Zwiebeln hineingeben, das Gemüse hinzufügen, in der Pfanne vorsichtig vermischen und wieder erhitzen. Nochmals abschmecken, mit gehackter Petersilie bestreuen und servieren.

Zubereitungszeit: ca. 40 Minuten

Hähnchenschenkel mit gedünstetem Chicorée

Eiweiß

Zutaten:
4 Hähnchenschenkel à 225 g
Kräutersalz, Paprika, Curry
2 EL Milch
20 g Pflanzenfett

Chicorée:
1,5 kg Chicorée
40 g Butter
1 EL Honig
150 g Möhrenscheiben
Saft einer ½ Zitrone
Kräutersalz, Streugewürz
Wasser

Die Hähnchenschenkel waschen und trockentupfen. Etwas Salz, Paprika und Curry mit der Milch verrühren und damit die Hähnchenschenkel überall bestreichen. Im heißen Pflanzenfett rundherum anbraten, danach im Backofen auf einem Rost bei trockener Hitze, ca. 180 °C, etwa 40 Min. fertig backen.

Den Chicorée von den äußeren unschönen Blättern sowie dem sehr bitter schmeckenden Strunk trennen. Den Rest in ca. 1 cm breite Streifen schneiden, waschen und gut abtropfen lassen. In einem flachen Topf die Butter und den Honig zergehen lassen, den Chicorée und die Möhrenscheiben hinzugeben, mit Zitronensaft, Salz und Streuwürze würzen, sehr wenig Wasser hinzugeben und ca. 20 Min. im geschlossenen Topf bei schwacher Hitze gar dünsten.

Zubereitungszeit: ca. 50 Minuten

Hähnchenbrust „Exotisch“ mit Brokkoligemüse

Eiweiß

Zutaten:
4 Hähnchenbrüste à 150 g
Kräutersalz, Curry, Paprika
30 g Pflanzenfett
1 EL Honig
20 g Butter
250 ml Sahne
100 ml Orangensaft, frisch gepreßt
1 Mango, geviertelt
2 Ananasscheiben, halbiert
1 Apfel, in Spalten geschnitten
1 Orange, filetiert

Brokkoligemüse:
800 g Brokkoliröschen
50 g Butter
Meersalz, Kümmel

Die Hähnchenbrüste waschen und trockentupfen. Mit Salz, Curry und Paprika würzen und im Pflanzenfett langsam gar braten, ca. 10–15 Min.

Den Honig mit der Butter in eine Pfanne geben und leicht karamelisieren lassen. Mit dem Orangensaft und der Sahne auffüllen, würzen und einkochen lassen. Dann die geschnittenen Früchte entsprechend ihrer Garzeit (die Äpfel und die Ananas zuerst, die Mango und Orangenspalten zuletzt) hineingeben und nur noch ziehen lassen. Die Hähnchenbrüste auf dem unteren Tellerrand anrichten, mit der Soße und den Früchten übergießen, den Brokkoli auf den oberen Teller rand dazusetzen und servieren.

Die Brokkoliröschen mit Salz und Kümmel würzen und im Wasserdampf ca. 10 Min. weich dämpfen. Die Butter zerlassen und über den Brokkoli geben.

Zubereitungszeit: ca. 40 Minuten

Geschmorte Putenoberkeule mit Rosenkohlgemüse

Eiweiß

Zutaten:
2 Putenoberkeulen à 700 g mit Knochen
Kräutersalz, Paprika, Basilikum, Streugewürz
40 g Pflanzenfett
je 150 g Karottenwürfel, Zwiebelwürfel und Selleriewürfel
2 EL Tomatenmark
100 ml trockener Rotwein
Wasser zum Auffüllen
4 Wacholderbeeren,
2 Lorbeerblätter
4 EL Sahne

Rosenkohlgemüse:
800 g Rosenkohl, geputzt
40 g Butter
1 kl. Zwiebel, gewürfelt
100 g Dörrfleisch, gewürfelt
Kräutersalz, Streuwürze, Muskat

Die Putenoberkeulen waschen und trockentupfen. Mit Streugewürz, Salz, Paprika und Basilikum würzen. In einem Bräter im heißen Fett rundherum anbraten und wieder herausnehmen. Jetzt das Röstgemüse hineingeben, das Tomatenmark dazu und alles kurz rösten lassen. Mit Rotwein und etwas Wasser ablöschen, Wacholderbeeren und Lorbeerblätter dazugeben und die Putenkeulen darin bei geschlossenem Topf im Backofen bei 250 °C ca. 1/2 Std. schmoren lassen. Dabei immer wieder mit Wasser ablöschen. Die Putenkeulen herausnehmen, mit einem Messer halbieren und in Alufolie eingepackt ca. 5 Min. ruhen lassen. In der Zwischenzeit die Wacholderbeeren und die Lorbeerblätter aus der Soße fischen und den Rest mit dem Pürierstab mixen. Die Sahne dazugeben, kurz verrühren und anrichten.

In der Zwischenzeit den Rosenkohl in reichlich kochendem Salzwasser blanchieren und abschrecken. Danach gut abtropfen lassen. Die Butter in einem Topf zerlassen und darin die Zwiebelwürfel und die Dörrfleischwürfel kurz angehen lassen. Jetzt den Rosenkohl dazugeben, würzen und vorsichtig durchschwenken.

Zubereitungszeit: ca. 90 Minuten

Hähnchenbrust auf Gemüse

Eiweiß

Zutaten:
200 g Möhren
200 g Kohlrabi
200 g Brokkoliröschen
200 g Zucchini
2 kleine Zwiebeln, gehackt
1/4 l Gemüsebrühe
20 g Butter
4 Hähnchenbrustfilets à 150 g
Kräutersalz
Streugewürz, etwas Curry
1 Bund Kerbel
200 g Naturjoghurt

Die Gemüse waschen, schälen und in kleine Würfel schneiden, den Brokkoli in kleine Röschen zerlegen. Das klein geschnittene Gemüse und die Zwiebeln in eine mit Butter gefettete flache Porzellanform einschichten und mit der Gemüsebrühe übergießen. Die gewürzten Hähnchenbrüste darauflegen und ca. 15 Min. im Backofen bei 160 °C garen. Den Kerbel mit dem Joghurt vermischen, über die Hähnchenbrüste geben und erneut überbacken.

Zubereitungszeit: ca. 40 Minuten

◀

Entenbrust, gebraten auf Waldpilzcreme und Brokkoligratin

Eiweiß

Zutaten:
4 Entenbrüste à 250 g
Kräutersalz, Rosmarin
80 g Bratfett
4 EL Honig
2 EL warmes Wasser

Waldpilzcreme:
100 g Dörrfleisch, gewürfelt
1 Zwiebel, gewürfelt
1 Knoblauchzehe, gehackt
30 g Bratfett
800 g Waldpilze, gemischt, tiefgekühlt
Kräutersalz, Streuwürze
4 cl Cognac
250 ml Sahne
Petersilie, gehackt

Brokkoligratin:
600 g Brokkoliröschen, blanchiert
20 g Butter
200 ml Sahne
2 Eier
1 kl. Zwiebel, gewürfelt
Kräutersalz, Streuwürze, Muskat

Die Entenbrüste waschen und trockentupfen. Evtl. vorhandene Federkiele mit einer Pinzette entfernen. Die Entenbrüste würzen und mit der Hautseite zuerst im heißen Fett knusprig anbraten.

Den Honig mit dem lauwarmen Wasser verrühren und damit die Haut bestreichen. Dann die Pfanne vom Herd nehmen und im Backofen bei 200 °C ca. 10–15 Min. fertigbacken. Dabei die Haut immer wieder mit dem Honigwasser bestreichen. Die Entenbrüste aus dem Ofen nehmen und in Alufolie eingewickelt ca. 5 Min. entspannen lassen. Anschließend in Tranchen schneiden und auf der Waldpilzcreme anrichten.

Das Dörrfleisch, die Zwiebelwürfel und den Knoblauch im heißen Fett anschwitzen, die Pilze dazugeben, würzen und ca. 5 Min. mitanschwitzen. Dann den Cognac und die Sahne dazugeben und gut einkochen lassen. Mit gehackter Petersilie bestreuen und anrichten.

Eine feuerfeste Form mit Butter ausstreichen und den Brokkoli darin verteilen. Die Sahne mit den Eiern verquirlen, Zwiebelwürfel dazugeben, würzen und über den Brokkoli gießen. Im Backofen backen, bis die Sahne Ei-Masse gestockt ist.

Zubereitungszeit: ca. 50 Minuten

Krautrouladen

Eiweiß

Zutaten:
1 mittlerer Weißkohl
(zerkleinerte Reste des Weißkrautes)
500 g gehacktes Rindfleisch
1 Ei
2 kleine Zwiebeln, gehackt
Kräutersalz, Basilikum, Majoran,
Kümmel gem.
20 g Butter

Den Weißkohl von den unreinen äußeren Blättern befreien und den Strunk herausschneiden. Anschließend im Salzwasser ca. 15 Min. kochen und dann in kaltem Wasser abschrecken. Die großen äußeren Blätter ablösen und beiseite legen, den Rest ganz fein zerschneiden. Das Hackfleisch mit den Zwiebeln, dem Ei und den Gewürzen sowie den zerschnittenen Weißkrautresten vermengen. Diese Masse in die Weißkohlblätter einwickeln und in einer gefetteten Form ca. 50 Min. im Backofen garen. Evtl. mit etwas Wasser ablöschen.

Zubereitungszeit: ca. 50 Minuten

◀

Knusprig gebratene Weihnachtsgans mit Elsässer Rotkohl

Eiweiß

Zutaten:
1 vorbereitete Gans, ca. 3 kg
Meersalz, Majoran, Rosmarin
5 Äpfel, garantiert unbehandelt, von Kern und Stiel befreit, gewaschen und kleingeschnitten
2 Zwiebeln, grob gehackt
ca. 1 l kochendes Wasser

Soße:
1 kg Geflügelknochen
30 g Pflanzenfett
je 100 g Karottenwürfel, Selleriewürfel und Zwiebelwürfel
2 EL Tomatenmark
100 ml trockener Rotwein
Bratenfond von der gebratenen Gans zum Auffüllen
Meersalz, Rosmarin

Rotkohl:
1 – 1,2 kg Rotkohl
je 1 EL Meersalz, Honig, Weinessig
100 g Gänseschmalz
1 große Zwiebel
1/4 l trockener Rotwein
2 Äpfel (Boskop)

Die Gans waschen und trockentupfen. Evtl. vorhandene Federkiele mit einer Pinzette entfernen. Die Gans innen mit Salz, Rosmarin und Majoran würzen, die Äpfel und die Zwiebeln hineingeben und mit einer großen Nadel und Zwirn zunähen. Dann die Gans außen würzen und nicht zu straff binden. Die gebundene Gans in einen Bräter legen, mit kochendem Wasser untergießen und bei 180 °C ca. 2–2,5 Std. knusprig braun braten. Dabei die Gans immer wieder mit dem Bratfond übergießen.

Die Geflügelknochen im heißen Pflanzenfett scharf anbraten. Das Gemüse und das Tomatenmark dazugeben, kurz mitrösten lassen, würzen, mit Rotwein und Bratenfond auffüllen und ca. 1 Std. kochen lassen. Dann die Soße abpassieren, das Fett entfernen und gut einkochen lassen. Die Gans mit einer Fleischgabel und einem Messer tranchieren und mit der Soße und dem Rotkraut anrichten.

Das Rotkraut putzen und in Streifen schneiden. Mit Salz, Honig und dem Weinessig vermengen und zugedeckt über Nacht ziehen lassen. Im Bräter das Gänseschmalz zerlassen, die Zwiebelwürfel darin andünsten, den Kohl mit Saft und den Rotwein hineingeben. Nochmals würzen und zugedeckt bei 180 °C 1 1/2 Std. bei Ober- und Unterhitze schmoren lassen. Die Äpfel schälen und vom Kern befreien. In Scheiben geschnitten ca. 15 Min. vor Ende der Garzeit zugeben. Wenn keine Flüssigkeit mehr vorhanden ist, nochmals abschmecken und servieren.

Zubereitungszeit: ca. 120 Minuten

Beefsteak mit Ratatouillegemüse

Eiweiß

Zutaten:
500 g Rinderhack
1 Ei
1 Zwiebel, gehackt
Petersilie, gehackt
30 g Bratfett
Kräutersalz

Ratatouillegemüse:
6 EL Olivenöl
250 g Zucchini,
in gleichmäßigen Würfeln
100 g Aubergine,
in gleichmäßigen Würfeln
200 g Paprikawürfel, bunt gemischt
100 g Zwiebelwürfel
1 Knoblauchzehe
300 g Tomatenwürfel, enthäutet
Kräutersalz, Streuwürze
100 ml Tomatensaft
2 EL Petersilie, gehackt

Alle Zutaten gut miteinander vermengen und zu sehr platten Klopsen formen. In heißem Fett ca. 15 Min. braten.

Das Olivenöl in einem Topf erhitzen. Darin die Zucchini, Aubergine, Paprika, Zwiebel und den Knoblauch ca. 10 Min. anbraten. Dann die Tomatenwürfel dazugeben und ca. 5 Min. mitdünsten. Mit den Gewürzen abschmecken, den Tomatensaft dazugeben und weiterdünsten, bis das Gemüse weich ist. Zum Schluß die gehackte Petersilie dazugeben und servieren.

Zubereitungszeit: ca. 45 Minuten

◀

Eingelegte, gebratene Lammkoteletts mit grünen Butterbohnen und Rotweinschalotten

Eiweiß

Zutaten:
8 Lammkoteletts à ca. 100 g
Kräutersalz, Thymian, Streuwürze
2 Knoblauchzehen, gehackt
1 kl. Zwiebel, gewürfelt
Pflanzenöl
40 g Pflanzenfett
20 g Butter

Butterbohnen:
800 g geputzte grüne Bohnen (Prinzeßbohnen)
1 kl. Zwiebel, fein gehackt
80 g Butter
Kräutersalz, Streuwürze
1 Zweig Bohnenkraut (oder getrocknetes)

Rotweinschalotten:
300 g Schalotten, geschält
20 g Butter
2 EL Honig
1/4 l dunklen Rotwein
Kräutersalz

Die Lammkoteletts würzen und in eine Schüssel legen. Den Knoblauch und die Zwiebelwürfel darübergeben und so viel Öl darübergießen, bis die Koteletts bedeckt sind. Die Schüssel mit Folie abdekken und 2 Tage kühl aufbewahren.

Dann die Koteletts im heißen Pflanzenfett anbraten. Das Bratfett abgießen, die Butter hineingeben und in ca. 8 Min. fertigbraten. Zum Anrichten die Lammkoteletts gut abtropfen lassen.

Die Bohnen in reichlich kochendem Salzwasser knackig weich kochen. Dann in kaltem Wasser abschrecken und abtropfen lassen. Die Zwiebelwürfel in der Butter glasig dünsten, die Bohnen dazugeben, würzen, das gehackte Bohnenkraut dazugeben und kurz durchschwenken.

Die Schalotten in der Butter glasig dünsten. Den Honig dazugeben und karamelisieren lassen. Mit dem Rotwein ablöschen, würzen und gut einkochen lassen. Dabei immer wieder durchrühren, da die Schalotten leicht anbrennen. Wenn der Rotwein fast verkocht ist, können die Rotweinschalotten angerichtet werden.

Zubereitungszeit: ca. 45 Minuten

Gedämpftes Huhn in Tomatensoße mit Paprikagemüse

Eiweiß

Zutaten:
1 mittelgroßes Huhn
Meersalz, Lorbeerblätter,
Wacholderbeeren
1/4 l trockener Weißwein
6 große Tomaten
1 Zwiebel, gehackt
50 g Dörrfleisch, gewürfelt
40 g Tomatenmark
30 g Bratfett
1/8 l Rotwein
Wasser
Petersilie, gehackt
Kräutersalz, Basilikum
Streuwürze
20 g Butter

Paprikagemüse:
6 Paprika, bunt
2 Äpfel
1 Zwiebel
20 g Butter
2 Tomaten
Kräutersalz, Kümmel, Thymian,
Knoblauch, Basilikum

Das Huhn waschen und in Salzwasser mit den Lorbeerblättern, Wacholderbeeren und dem Weißwein weich kochen. Die Tomaten vom Strunk befreien und in kochendem Wasser kurz blanchieren, danach sofort in kaltem Wasser abschrecken. Jetzt kann die Schale entfernt werden. Die Zwiebel und das Dörrfleisch im Bratfett anschwitzen, geviertelte Tomaten und das Tomatenmark dazugeben und weiter anschwitzen, bis alles leicht bräunt. Danach mit Rotwein und Wasser ablöschen, die Gewürze und die Butter dazugeben und das Ganze 40 Min. köcheln lassen. Dann wird alles mit einem Mixer püriert und nochmals abgeschmeckt. Das Huhn in seine Teile zerlegen und in eine Form geben. Mit der Tomatensoße übergießen und ca. 20 Min. im Backofen bei mittlerer Hitze ziehen lassen. Das Ganze wird auf einer Platte angerichtet und kann mit buntem Gemüse garniert werden.

Die Paprika putzen und waschen. In Streifen schneiden und mit der kleingeschnittenen Zwiebel und den Äpfeln in der zerlassenen Butter dünsten. Die Tomaten schälen, vierteln und dazugeben. Mit Salz, Kümmel, Thymian, Knoblauch und Basilikum würzen und alles weiter dünsten, bis es weich ist.

Zubereitungszeit: ca. 80 Minuten

Königsberger Klopse mit Rote-Bete-Gemüse

Eiweiß

Zutaten:
500 g Rinderhack
50 g Zwiebeln, gewürfelt
1 EL Öl
1 Ei
Kräutersalz, Muskat
Petersilie, gehackt
1 Zwiebel, ganz
Nelken
Lorbeerblatt

Soße:
20 g Butter
25 g Sojamehl
Gemüsebrühe nach Bedarf
100 ml Sahne
Streuwürze
Kapern

Rote-Bete-Gemüse:
1 kg Rote Bete
1 große Zwiebel
250 g Äpfel
1/4 l Gemüsebrühe (Grundrezept)
Kräutersalz, Gewürznelken,
Lorbeerblatt
2 EL Apfelessig

Die Zwiebelwürfel im heißen Öl anschwitzen und zum Hackfleisch geben. Ei, Salz und Muskat, sowie die gehackte Petersilie dazugeben und alles zu einer glatten Masse vermengen. Mit nassen Händen Klopse von ca. 60 g formen.
Die Zwiebel mit Nelken und Lorbeerblatt in einer Gemüsebrühe aufkochen und die Klopse darin gut 10 Min. ziehen lassen.

Aus der Butter und dem Sojamehl eine helle Schwitze bereiten und mit der Gemüsebrühe auffüllen. Das Ganze kurz aufkochen und mit Sahne, Streuwürze und Kapern abschmecken. Die Klopse werden in der Soße serviert.

Die Rote Bete waschen und schälen, dann kleinschneiden. Ebenso die Zwiebel und die Äpfel. Alles zusammen mit der Gemüsebrühe und den Gewürzen aufsetzen und dünsten, bis die Rote Bete weich ist. Zum Schluß den Apfelessig dazugeben.

Zubereitungszeit: ca. 50 Minuten

Spargel mit Schinken und Orangen

Eiweiß

Zutaten:
250 g Spargel, frisch und abgekocht
200 g Rinderschinken, fein gewürfelt
2 Orangen, filetiert
200 g Sahne
2 Eigelb
Vollmeersalz, Basilikum
40 g Butter

Den Spargel mit dem Schinken und den Orangenfilets mischen und in eine gefettete Auflaufform geben. Die mit dem Eigelb verquirlte Sahne mit den Gewürzen mischen und in die Auflaufform gießen. Mit Butterflöckchen belegen und im Backofen 25 Min. bei 180 °C backen.

Zubereitungszeit: ca. 35 Minuten

Gehacktes Fleisch mit Karotten

Eiweiß

Zutaten:
500 g gehacktes Rindfleisch
1 Zwiebel
2 EL Öl
200 g geriebene Karotten
Kräutersalz, Kräuter der Provence
1 Ei
20 g Butter

Die Zwiebel schälen und kleinschneiden. In dem heißen Öl anbraten und zu dem Hackfleisch geben. Die Karotten, die Gewürze und das Ei ebenfalls dazugeben und gut vermengen. Das Ganze in eine gefettete, feuerfeste Glasform geben und bei 180 °C ca. 45 Min. backen.

Zubereitungszeit: ca. 35 Minuten

Sauerbraten mit Wirsinggemüse

Eiweiß

Zutaten:
600 g Rinderbraten aus der Keule
2 Zwiebeln, gewürfelt
2 Karotten, gewürfelt
2 Lorbeerblätter
4 Wacholderbeeren
3 Nelken
4 cl Apfelessig
1/4 l trockener Rotwein
Kräutersalz, Paprika
Streuwürze
30 g Pflanzenfett
1 EL Tomatenmark

Wirsinggemüse:
1 großer Wirsingkopf
1 kl. Zwiebel
30 g Butter
200 ml Sahne
100 ml Gemüsebrühe (Grundrezept)
Kräutersalz, Kümmel, Muskat

Das Fleisch in einem Sud aus Zwiebeln, Karotten, Lorbeerblättern, Nelken, Essig, Wacholderbeeren, Rotwein, Gewürzen und Wasser 4 Tage ziehen lassen. Dann das Fleisch herausnehmen und im Bräter anbraten. Das Tomatenmark dazugeben und kurz mitbraten lassen. Mit dem Sud ablöschen und ca. 1 1/2 Std. im geschlossenen Topf unter ständigem Ablöschen schmoren lassen. Dann das Fleisch herausnehmen und – eingepackt in Alufolie – 10 Min. ruhen lassen. In der Zwischenzeit die Soße mit dem Pürierstab pürieren und zum aufgeschnittenen Fleisch reichen.

Den Wirsing putzen, kleinschneiden und waschen. Die Zwiebel kleinschneiden und mit dem Wirsing in der zerlassenen Butter anschwitzen. Mit der Sahne und der Gemüsebrühe auffüllen, würzen und weichdünsten.

Tip: Vor dem Ablöschen die Lorbeerblätter, Nelken und die Wacholderbeeren aus dem Sud entfernen.

Zubereitungszeit: ca. 90 Minuten

Geschmortes Rind mit Gurken und Minze

Eiweiß

Zutaten:
1 kg mageres Rindfleisch
4 EL Olivenöl
2 Knoblauchzehen, zerdrückt
10 Minzblättchen, gehackt
30 g Pflanzenfett
4 Tomaten, geviertelt
250 g Zwiebelwürfel
Meersalz, Paprika, Basilikum
500 g Salatgurke, geschält und entkernt
Petersilie, fein gehackt

Das Rindfleisch in grobe Würfel schneiden. Das Olivenöl mit den zerdrückten Knoblauchzehen und den Minzblättchen vermischen und das Fleisch damit würzen. Das gewürzte Fleisch im heißen Fett anbraten, die geviertelten Tomaten und die Zwiebelwürfel dazugeben. Das Ganze kurz weiterbraten und mit den Gewürzen abschmecken. Mit etwas Wasser ablöschen und im geschlossenen Bräter – unter ständigem Ablöschen mit Wasser – ca. 60 Min. schmoren lassen. Dann geben wir die Gurkenstücke dazu und lassen sie nochmals 20 Min. mitschmoren. Das fertige Gericht wird mit gehackter Petersilie bestreut und serviert.

Zubereitungszeit. ca. 70 Minuten

◀

Rumpsteak mit Sauce Café de Paris und Speckbohnenbündchen

Eiweiß

Zutaten:
4 Rumpsteak à 180 g, mit Fettrand
Kräutersalz, bunter Pfeffer
40 g Pflanzenfett

Soße:
100 g Schalotten, fein gehackt
60 g Butter
250 ml Sahne
5 Kapern, püriert
2 Sardellen, püriert
1 TL Tomatenmark
2 cl Cognac
1 TL Curry
Kräutersalz, Streuwürze
etwas grober, bunter Pfeffer
1 Bund verschiedene, gehackte Kräuter z.B. Petersilie, Schnittlauch, Salbei etc.

Bohnen:
600 g Prinzeßbohnen
16 Scheiben Bauchspeck, sehr dünn, der Länge nach geschnitten
40 g Butter
Wasser
Kräutersalz, Streuwürze
Bohnenkraut, gehackt

Die Rumpsteaks an der Fettrandseite 3–4mal einschneiden. Mit Salz und buntem Pfeffer würzen und im heißen Fett wie gewünscht braten.

Die Schalotten in 20 g Butter glasig dünsten. Mit der Sahne auffüllen und kurz aufkochen lassen. Die Kapern mit den Sardellen, dem Tomatenmark und dem Cognac pürieren und zur Soße geben. Mit den Gewürzen abschmecken und vom Herd nehmen. Jetzt die restliche, gekühlte Butter hinzugeben und mit dem Pürierstab aufmontieren*. Kräuter hineingeben und sofort servieren.

Die Bohnen putzen und waschen. In reichlich kochendem Salzwasser blanchieren und sofort in kaltem Wasser abschrecken. Die Bohnen gut abtropfen lassen. Den geschnittenen Bauchspeck auslegen und von evtl. vorhandenem Knorpel befreien. Die Bohnen gleichmäßig auf die Speckstreifen verteilen und zusammenrollen. Die Butter in einem flachen Topf zergehen lassen, mit etwas Wasser auffüllen und die Bohnenbündchen hineinlegen. Würzen und bei geschlossenem Topf ca. 5 Min. erhitzen.

Das Rumpsteak am unteren Tellerrand anrichten, mit etwas Soße nappieren und die Bohnenbündchen am oberen Tellerrand dazusetzen.

*Aufmontieren siehe Seite 104.

Zubereitungszeit: ca. 40 Minuten

Zwiebelfleisch mit Zucchinigemüse

Eiweiß

Zutaten:
500 g gewürfeltes Rindfleisch aus der Keule
3 Zwiebeln
1 EL Öl
Kräutersalz
Thymian, Majoran
1/8 l saure Sahne

Zucchinigemüse:
800 g Zucchini
1 Zwiebel
1 Knoblauchzehe
20 g Butter
Zitronensaft
gem. Kümmel
Tomatenpulver
Kerbel, Kräutersalz
Petersilie

Die Zwiebeln schälen und in Streifen schneiden. Zusammen mit dem Fleisch in heißem Öl leicht anbraten. Mit Kräutersalz, Thymian und Majoran würzen und zugedeckt bei mittlerer Hitze ca. 60 Min. schmoren lassen. Evtl. etwas Wasser beim Schmoren zugeben. Zum Schluß wird mit der sauren Sahne verfeinert und nochmals abgeschmeckt.

Die Zucchini waschen und in Scheiben schneiden. Die Zwiebel in Würfel schneiden und mit dem Knoblauch in der Butter glasig werden lassen. Dann die Zucchinischeiben dazugeben und mit den Gewürzen und Zitronensaft abschmecken. Ca. 8 Min. weiterdünsten. Zum Schluß mit gehackter Petersilie bestreuen und servieren.

Zubereitungszeit: ca. 70 Minuten

◀ 

Cordon bleu mit Brokkoli und Sauce hollandaise

Eiweiß

Zutaten:
4 Kalbsschnitzel à 120 g
4 große Scheiben rohen Rinderschinken
4 Scheiben Emmentaler Käse
Vollmeersalz, Salbei, Basilikum
40 g Bratfett

Brokkoli natur:
800 g Brokkoliröschen
Vollmeersalz, Kümmel
50 g Butter

Sauce hollandaise:
1 EL Essig
6 EL Wasser
etwas Zitronensaft
Kräutersalz
2 Schalotten, gehackt
4 Eigelb
250 g Butter

Die Kalbsschnitzel mit dem Fleischklopfer plattieren und mit Salz, Salbei und Basilikum würzen, den Schinken und den Käse darauflegen. Die Kalbsschnitzel zusammenfalten und mit Zahnstochern fixieren. Von außen nochmals würzen und in der Pfanne langsam braten, bis der Käse leicht ausläuft. Beim Würzen bitte aufpassen, da der Schinken schon gewürzt ist.

Die Brokkoliröschen mit Salz und Kümmel würzen und im Wasserdampf ca. 10 Min. weich dämpfen. Die Butter zerlassen und über den Brokkoli geben.

In einem Topf 4 EL Wasser mit dem Essig, dem Zitronensaft, dem Salz und den Schalotten aufkochen und ziehen lassen. Dann abpassieren und nochmals kurz einkochen. Diesen Gewürzsud in eine Schüssel geben, mit den restlichen 2 EL kaltem Wasser und dem Eigelb verrühren. Im Wasserbad bei ca. 60 °C aufschlagen, bis die Masse cremig wird. In der Zwischenzeit die Butter in einem Topf klären (klären heißt: Man läßt die Butter aufkochen, bis das darin enthaltene Wasser verdampft ist. Vorsicht, sie sollte dabei keine Farbe annehmen.) Die noch warme Butter wird jetzt langsam (tropfenweise) in die cremig geschlagene Eigelbmasse gerührt. Bei zu starkem Eindicken der Soße kann noch etwas Wasser hinzugefügt werden.

Tip: Wegen der Salmonellengefahr die Soße sofort verbrauchen und mit frischem Eigelb zubereiten.

Zubereitungszeit: ca. 35 Minuten

Gefüllte Paprikaschoten

Eiweiß

Zutaten:
4 rote Paprikaschoten
500 g Rinderhackfleisch
1 Zwiebel, gehackt
1 Knoblauchzehe
1 Ei
1 Apfel, gerieben
1 Bund Petersilie
Kräutersalz, Majoran
1 TL Streuwürze
20 g Butter

Die Paprika aushöhlen und waschen. Das Hackfleisch mit der Zwiebel, dem Knoblauch, dem Ei, dem Apfel, der Petersilie und den Gewürzen vermengen und in die Paprikaschoten füllen. In einem gefetteten, mit etwas Wasser gefüllten Topf, der verschlossen wird, ca. 30 Min. dünsten.

Zubereitungszeit: ca. 50 Minuten

Lammrücken unter der Kräuterhaube mit Ratatouillegemüse in der Fenchelpfeife

Eiweiß

Zutaten:
800 g Lammrücken, geputzt
Kräutersalz, Thymian
30 g Pflanzenfett
20 g Estragon, gehackt
30 g Petersilie, gehackt
20 g Schnittlauch, gehackt
2 Knoblauchzellen, gehackt
40 g geriebenen Parmesankäse
1 Eiweiß

Soße:
400 g walnußgroße Lammknochen
20 g Bratfett
je 50 g Möhren, Sellerie und Zwiebel, gewürfelt
1 Knoblauchzehe, gehackt
2 EL Tomatenmark
100 ml Rotwein
Wasser zum Auffüllen
Meersalz, Streuwürze
Lorbeerblatt, Wacholderbeere
20 g Butter, gekühlt

Ratatouillegemüse:
6 EL Olivenöl
250 g Zucchini, in gleichmäßigen Würfeln
100 g Aubergine, in gleichmäßigen Würfeln
200 g Paprikawürfel, bunt gemischt
100 g Zwiebelwürfel
1 Knoblauchzehe
300 g Tomatenwürfel, enthäutet
Kräutersalz, Streuwürze
100 ml Tomatensaft
2 EL Petersilie, gehackt

Fenchel:
2 große Fenchelknollen
Wasser zum Abkochen
Meersalz
20 g Butter

Den Lammrücken waschen und trockentupfen. Mit Salz und Thymian würzen und kurz im Pflanzenfett rundherum anbraten. Dann aus der Pfanne nehmen und auf eine Platte legen, die zum Überbacken geeignet ist.
Aus den Kräutern, dem Knoblauch, dem Parmesankäse und dem Eiweiß einen Teig bereiten und den Lammrücken auf der oberen Seite damit ca. 0,5 cm dick bedekken. Das Ganze wird später ca. 10 – 15 Min. im Backofen bei 180 °C überbacken.

Die Knochen im Fett gut anbraten. Das Röstgemüse und den Knoblauch dazugeben, kurz mitbraten. Tomatenmark dazugeben, kurz abrösten und mit Rotwein ablöschen. Mit Wasser auffüllen, bis die Knochen vollständig bedeckt sind und würzen. Das Ganze ca. 1 ½ Std. köcheln lassen, dabei immer wieder das Fett abnehmen. Dann die Soße abpassieren, nochmals kräftig einreduzieren lassen und kurz vor dem Anrichten mit der gekühlten Butter aufmontieren.

Aufmontieren: Die gekühlte Butter in die Soße geben und mit dem Pürierstab gut durchmixen. Sie gibt der Soße Bindung und Glanz.

Das Olivenöl in einem Topf erhitzen. Darin die Zucchini, Auberginen, Paprika, Zwiebel und den Knoblauch ca. 10 Min. anbraten. Dann die Tomatenwürfel dazugeben und ca. 5 Min. mitdünsten. Mit den Gewürzen abschmecken, den Tomatensaft dazugeben und weiterdünsten, bis das Gemüse weich ist. Zum Schluß die gehackte Petersilie dazugeben und servieren.

Den Fenchel waschen und der Länge nach halbieren. Dann vorsichtig jeweils die äußeren Schichten ablösen und in kochendem Salzwasser blanchieren, bis die Fenchelpfeife weich ist. Dann in kaltem Wasser abschrecken und abtropfen lassen.

Eine feuerfeste Form mit Butter einreiben und die Fenchelpfeifen einsetzen. In jede Fenchelpfeife 1–2 EL Ratatouillegemüse geben und im Backofen bei 180 °C ca. 10 Min. überbacken.

Zubereitungszeit: ca. 60 Minuten

Anrichten:
Nachdem der Lammrücken gegart wurde, kurz entspannen lassen (ca. 3 Min. abgedeckt), damit der Fleischsaft im Fleisch bleibt. Dann vorsichtig aufschneiden und auf der Lammsoße anrichten. Jetzt die gefüllte Fenchelpfeife auf dem oberen Tellerrand anrichten und servieren. Dazu paßt ein dunkler, schwerer Rotwein.

Rotbarschfilet, gebraten auf Tomatensoße und Blattspinat

Eiweiß

Zutaten:
4 Rotbarschfilets à 120 g
Kräutersalz, Streuwürze
Saft einer 1/2 Zitrone
30 g Pflanzenfett
10 g Butter
Petersilie gehackt, zum Garnieren
1 Zitrone, geviertelt, um Garnieren

Tomatensoße:
1 Zwiebel, gewürfelt
1 EL Pflanzenöl
500 g Tomaten, geschält
1 EL Tomatenmark
100 ml trockener Rotwein
1/4 l Wasser
Vollmeersalz, Zitronensaft
Basilikum, Salbei, Paprikapulver
1 Knoblauchzehe, zerdrückt
10 g Butter

Blattspinat:
1 kl. Zwiebel, fein gehackt
2 Knoblauchzehen, fein gehackt
20 g Butter
800 g blanchierten Spinat
Kräutersalz, Streuwürze, Muskat
100 ml Sahne

Die Rotbarschfilets waschen, würzen und mit dem Zitronensaft beträufeln. Im heißen Fett anbraten, dann die Butter zugeben und bei schwacher Hitze fertigbraten.

Die Zwiebel in dem heißen Fett anschwitzen und die Tomaten sowie das Tomatenmark dazugeben. Kurz mit anschwitzen lassen, dann mit Wasser und Rotwein ablöschen, mit den Gewürzen abschmecken und 30 Min. gut durchkochen lassen. Zwischendurch die Butter dazugeben, sie nimmt der Soße den säuerlichen Geschmack. Dann die Soße im Mixer pürieren.

Die Zwiebel und die Knoblauchwürfel in der Butter glasig dünsten, den Spinat hinzugeben, würzen und kurz erhitzen. Zum Schluß mit der Sahne verfeinern, nochmals abschmecken.

Die Fischfilets anrichten, mit Tomatensoße nappieren und den Blattspinat dazusetzen. Mit gehackter Petersilie und einer 1/4 Zitrone garnieren.

Zubereitungszeit: ca. 45 Minuten

◀

▶

Lachsfilet, pochiert auf Rieslingsoße und Brokkoligemüse

Eiweiß

Zutaten:
4 Lachsfiletstücke à 180 g,
aus dem Mittelstück
20 g Butter
1 kl. Zwiebel, gewürfelt
je 100 g Möhren und Sellerie, gewürfelt
50 g Lauch, gewürfelt
250 ml trockener Weißwein
1 l Wasser
2 Lorbeerblätter
3 Wacholderbeeren
Kräutersalz, Streuwürze
Dill, gehackt, zum Garnieren

Rieslingsoße:
100 g Schalotten, fein gewürfelt
40 g Butter
200 ml Sahne
100 ml Rieslingwein
Kräutersalz, Streuwürze
Dill, gehackt

Brokkoligemüse:
800 g Brokkoliröschen
Kräutersalz
20 g Butter

Die Lachsfilets abwaschen und trockentupfen. Mit Folie abdecken und kühl aufbewahren. In der Butter die Zwiebel und die Gemüsewürfel anschwitzen. Mit Weißwein und dem Wasser auffüllen, Lorbeerblätter, Wacholderbeeren und Gewürze hinzugeben und kurz aufkochen lassen. Die Lachsstücke darin ca. 10–12 Min. gar ziehen lassen.

Die Schalottenwürfel in 20 g Butter glasig dünsten, mit der Sahne und dem Rieslingwein auffüllen, würzen und etwas einkochen lassen. Kurz vor dem Servieren die restlichen 20 g Butter hinzugeben und mit dem Pürierstab aufmontieren*.

* Aufmontieren siehe Seite 104.

Die Brokkoliröschen gut waschen und im Salzwasser mit der Butter ca. 10 Min. gar kochen.

Das fertige Lachsfilet auf der vorher aufgegossenen Rieslingsoße anrichten und mit dem gehackten Dill bestreuen. Den Brokkoli aus dem Kochwasser nehmen, gründlich abtropfen lassen und auf dem oberen Tellerteil anrichten und servieren.

Zubereitungszeit: ca. 40 Minuten
(Foto S. 107 unten)

Seelachsfilet auf dem Gemüsebett mit Weißweinsoße

Eiweiß

Zutaten:
4 Seelachsfilets à 120 g
Saft einer 1/2 Zitrone
Kräutersalz, Streugewürz

Gemüse:
je 200 g Möhren, Sellerie, Lauch und Zucchini, in feine Streifen geschnitten
1 Zwiebel, in Streifen
40 g Butter
Kräutersalz, Streuwürze
Petersilie, Schnittlauch, Dill, gehackt

Soße:
50 g Zwiebeln, fein gewürfelt
10 g Butter
250 ml Sahne
100 ml guter Weißwein, nicht zu trocken
Kräutersalz, Streuwürze

Die Filets waschen und mit den Gewürzen und dem Zitronensaft marinieren. Mit Folie abdecken und kühl stellen.

In einem flachen Topf die Butter zerlassen und die Gemüsestreifen anschwitzen. Mit den Gewürzen und Kräutern abschmekken. Auf das Gemüse die Fischfilets setzen und ca. 10 Min. gar dämpfen. Mit einer flachen Palette das Gemüse mit dem Fisch auf einem Teller anrichten, mit der Weißweinsoße nappieren und mit frisch gehacktem Dill bestreuen.

Die Zwiebelwürfel in der Butter anschwitzen, mit der Sahne und dem Weißwein auffüllen, würzen und kurz einkochen lassen.

Zubereitungszeit: ca. 40 Minuten

Steinbuttfilet, gebraten mit Kräutersoße und Spitzkohlgemüse

Eiweiß

Zutaten:
4 Steinbuttfilets à 120 g
Kräutersalz, Basilikum
Saft einer 1/2 Zitrone
30 g Pflanzenfett
10 g Butter

Kräutersoße:
100 g Schalotten, fein gewürfelt
20 g Butter
100 ml trockener Weißwein
250 ml Sahne
je 1 Bund Petersilie, Schnittlauch und Dill, fein gehackt
Kräutersalz, Streuwürze

Spitzkohlgemüse:
1 großer Kopf Spitzkohl
1 kl. Zwiebel, fein gewürfelt
20 g Butter
Kräutersalz, Kümmel gem.
100 ml Sahne

Die Steinbuttfilets abwaschen, würzen und mit Zitronensaft beträufeln.
Dann die Fischfilets im Pflanzenfett unter späterer Zugabe der Butter anbraten, bis sie goldbraun werden. Im vorgeheizten Backofen ca. 4 Min. fertiggaren. Die Steinbuttfilets auf einem Teller anrichten, mit der Kräutersoße nappieren und das Gemüse dazusetzen.

Die Schalotten in der Butter glasig dünsten. Mit Weißwein und Sahne auffüllen und auf die richtige Konsistenz einkochen lassen. Dann die fein gehackten Kräuter hineingeben, würzen und ca. 10 Min. ziehen lassen. Jetzt kann die Soße serviert werden.

Vom Kohl die äußeren Blätter sowie den Strunk entfernen. Das Gemüse in feine Streifen schneiden und waschen. Die Zwiebelwürfel in der Butter glasig dünsten, dann das Gemüse dazugeben. Kurz mitdünsten, würzen und mit der Sahne auffüllen. Das Ganze gut 10 Min. durchköcheln lassen und nochmals abschmekken.

Zubereitungszeit: ca. 45 Minuten

Seezunge, gebraten mit Zucchini-Tomaten-Champignon-Gemüse

Eiweiß

Zutaten:
4 Seezungen à 400 g, küchenfertig
Streuwürze
Kräutersalz
Saft einer Zitrone
50 g Pflanzenfett
80 g Butter
Petersilie, gehackt

Gemüse:
1 Zwiebel, gewürfelt
2 Knoblauchzehen, gehackt
6 EL Olivenöl
je 350 g Zucchini in Scheiben, kl. Champignonköpfe und Tomatenwürfel, geschält
Petersilie und Basilikum, gehackt
Kräutersalz, Streuwürze

Die Seezungen waschen und trockentupfen. Mit den Gewürzen und dem Zitronensaft marinieren. Im Pflanzenfett ca. 8 Min. braun anbraten, dann das Fett abgießen und in der schäumenden Butter ca. 3 Min. nachbraten.

Die Zwiebelwürfel und den gehackten Knoblauch im Olivenöl glasig dünsten. Dann die Champignonköpfe und die Zucchinischeiben dazugeben, ca. 5 Min. dünsten lassen. Jetzt die Tomatenwürfel, die Kräuter und die Gewürze dazugeben und weitere 3–5 Min. dünsten lassen. Danach nochmals abschmecken.

Die fertige Seezunge auf einem Teller anrichten und das Gemüse rundherum verteilen. Die Seezunge abermals mit Zitronensaft beträufeln, mit gehackter Petersilie bestreuen und sofort servieren.

Zubereitungszeit: ca. 45 Minuten

Forelle, gebraten mit Mandelbutter und Blattspinat

Eiweiß

Zutaten:
4 Forellen à 250 g, küchenfertig
Vollmeersalz, Streuwürze
Saft einer Zitrone
40 g Pflanzenfett
60 g Butter
50 g gehobelte Mandeln
2 cl Cognac
Petersilie, gehackt, zum Garnieren
1 Zitrone, geviertelt, zum Garnieren

Blattspinat:
1 kl. Zwiebel, fein gehackt
2 Knoblauchzehen, fein gehackt
20 g Butter
800 g blanchierten Spinat
Kräutersalz, Streuwürze, Muskat
100 ml Sahne

Die Forellen gründlich waschen und dann innen und außen trockentupfen. Mit den Gewürzen und dem Zitronensaft würzen. Die Forellen ca. 6 Min. im Pflanzenfett von beiden Seiten braten. 20 g Butter hinzugeben und nochmals kurz nachbraten. Die Forellen auf einem vorgewärmten Teller anrichten. Das Bratfett abgießen und die restliche Butter in die Pfanne geben. Die gehobelten Mandeln hineinstreuen, goldgelb rösten und mit dem Cognac ablöschen. Die Mandelbutter über die angerichtete Forelle gießen.

Die Zwiebel und die Knoblauchwürfel in der Butter glasig dünsten, den Spinat hinzugeben, würzen und kurz erhitzen. Zum Schluß mit der Sahne verfeinern, nochmals abschmecken. Zur angerichteten Forelle dazusetzen und mit gehackter Petersilie und einer 1/4 Zitrone garnieren.

Zubereitungszeit: ca. 40 Minuten

Vorspeisen

Antipasti-Platte

Neutral

Zutaten:
200 g Zucchini, in Scheiben
200 g Auberginen, in Scheiben
1 Tasse Olivenöl
Kräutersalz, Streuwürze
2 Knoblauchzehen, zerdrückt
je 1 Zweig Thymian, Oregano
Basilikum, gehackt
200 g Steinpilze, grob gewürfelt
2 Paprikaschoten, rot, in zweimarkstückgroße Stücke
einige Salatblätter
16 Oliven
1 Bund Petersilie, gehackt

Die Zucchini- und die Auberginenscheiben in eine Schüssel geben und mit etwas Olivenöl, Salz Streuwürze, Knoblauch und den Kräutern etwa 1 Std. marinieren. Jetzt die Steinpilze, die Paprikastücke, die Zucchini- und Auberginenscheiben einzeln in einer Pfanne im Olivenöl etwa 2–3 Min. anbraten und zum Abtropfen auf Küchenkrepp legen.
Mit den Salatblättern und den Oliven auf einer Platte gefällig anrichten, mit gehackter Petersilie verzieren und servieren.

Zubereitungszeit: ca. 50 Minuten

Gebackener Camembert mit Heidelbeeren und Vollkorntoast

Kohlenhydrate

Zutaten:
4 Camembert à 125 g, 60% Fett i. Tr.
Vollkornpaniermehl
2 Eigelb
60 g Bratfett

4 EL Heidelbeeren oder Heidelbeermarmelade
4 Scheiben Vollkorntoast
4 Stück Butter à 10 g

Den Camembert panieren und ganz langsam in einer Pfanne ausbacken (am besten anbraten und im vorgeheizten Backofen ca. 10 Min. fertigbacken). Auf einem Teller mit Heidelbeeren oder Heidelbeermarmelade anrichten und mit Toast und Butter servieren.

Zubereitungszeit: ca. 20 Minuten

Gebackener Schafskäse auf kleinem Salatbukett

Kohlenhydrate

Zutaten:
4 Schafskäsestücke à 100 g
2 Eigelb
Vollkornpaniermehl
50 g Bratfett
Salat, Tomaten
Champignons
Paprika nach Geschmack

Dressing für Salatbukett:
2 EL Pflanzenöl, kaltgepreßt
1 EL Obstessig
2 EL kaltes Wasser
Kräuter nach Belieben
Kräutersalz

Den Schafskäse im Eigelb und dem Paniermehl panieren. Das Bratfett in einer Pfanne zerlassen und den Schafskäse darin langsam goldbraun ausbacken (am besten den Käse leicht anbraten und im Backofen bei 160 °C ca. 10 Min. fertigbacken). Dann auf einem Teller ein schönes Salatbukett garnieren, mit dem Dressing marinieren und den Schafskäse gefällig mit anrichten.

Zubereitungszeit: ca. 25 Minuten

Tomaten-Mozzarella-Teller

Eiweiß

Zutaten:
4 Tomaten
250 g Mozzarellakäse
Basilikumblättchen
4 TL Pflanzenöl (kaltgepreßt)
Kräutersalz

Tomaten waschen, Stielansätze entfernen und in Scheiben schneiden. Den Mozzarellakäse abwaschen und ebenfalls in Scheiben schneiden. Die Tomaten- und Käsescheiben sowie die Basilikumblättchen abwechselnd auf einen Teller anrichten und mit dem Pflanzenöl beträufeln. Mit Kräutersalz würzen und servieren.

Zubereitungszeit: ca. 15 Minuten

Vital-Salat

Eiweiß

Zutaten:
100 g Zucchini
100 g Möhren
100 g Paprika, bunt
50 g Sellerie
50 g Salatgurke
100 g Apfel
3 EL Sonnenblumenöl
1 EL Obstessig
1 EL Honig
Kräutersalz
kleiner Kopfsalat
je nach Geschmack verschiedene Kräuter, gehackt

Das Gemüse und den Apfel putzen und gut säubern. Danach alles in feine Würfel schneiden und mit dem Öl, dem Essig, dem Honig sowie den Gewürzen vermischen und durchziehen lassen. Den Kopfsalat belesen, waschen und trocken schleudern. Die Salatblätter auf einem Teller zu einem Ring anrichten, den Vital-Salat in der Mitte verteilen, mit Kräutern verzieren und servieren.

Zubereitungszeit: ca. 40 Minuten

Geflügelsalatcocktail

Eiweiß

Zutaten:
500 g Hähnchenbrust, gebraten
2 große Essiggurken, in Würfel
2 große Tomaten, in Würfel
4 Ananasringe, in Würfel

Soße:
8 EL Mayonnaise aus dem Glas oder selbstgemacht
3 EL Gurkenbrühe aus dem Glas
Kräutersalz

Zum Garnieren:
etwas Salat
1 Tomate
Petersilie

Tip: Wegen der Salmonellengefahr selbstgemachte Mayonnaise nur aus frischen Eiern herstellen und sofort verbrauchen.

Die kalte Hähnchenbrust in Würfel schneiden und mit den restlichen Zutaten vermischen. Aus der Mayonnaise und der Gurkenbrühe eine Soße herstellen und mit den Zutaten vermischen. Das Ganze ca. 30 Min. ziehen lassen und wenn nötig nochmals abschmecken.

Anrichten:
Salat in ein Cocktailglas geben und den Geflügelsalat darauf anrichten. Mit Tomatenstreifen und der Petersilie gefällig verzieren.

Zubereitungszeit: ca. 35 Minuten

Gebratene Geflügelleber auf Portweinsoße und frischen Salaten

Eiweiß

Zutaten:
600 g Geflügelleber, geputzt
20 g Bratfett
Kräutersalz
1 kl. Zwiebel, fein gewürfelt
4 cl Portwein
6 EL Wasser
Streuwürze

Salat:
1 Kopf grüner Salat
1 Kopf Lollo rosso
2 Tomaten, gewürfelt
1 rote Paprika, gewürfelt
1 gelbe Paprika, gewürfelt

Dressing:
4 EL Pflanzenöl, kaltgepreßt
2 EL Obstessig
Kräutersalz, Streuwürze
Kräuter, nach Geschmack

Die Salate putzen, waschen und klein schneiden. Auf 4 Tellern schöne Salatbuketts anrichten und mit dem Dressing beträufeln.

Die Geflügelleber im Bratfett scharf anbraten, herausnehmen und mit Salz würzen. In dem Fett die Zwiebeln anbraten, mit Wasser und dem Portwein sowie dem Gewürz auffüllen. Die Leber hineinlegen und ca. 3 – 5 Min. leicht mitköcheln lassen. Dann die Leber neben dem Salat anrichten und mit der Soße übergießen.

Zubereitungszeit: ca. 35 Minuten

Shrimpscocktail

Eiweiß

Zutaten:
400 g Shrimps
8 Champignonköpfe in Scheiben
4 Ananasscheiben in Stücke
16 Mandarinenstückchen

Soße:
4 EL Mayonnaise aus dem Glas oder selbstgemacht
2 EL Tomatenpüree
Kräutersalz, etwas Obstessig
2 cl Cognac

Zum Garnieren:
etwas kleingeschnittener Salat
4 Orangenscheiben
4 Dillsträußchen

Die Shrimps waschen und gut abtropfen lassen. Mit den Champignons, der Ananas und den Mandarinenstückchen vermischen und beiseite stellen. Aus der Mayonnaise, dem Tomatenpüree, dem Cognac und den Gewürzen eine Soße bereiten und über die Shrimps gießen. Alles miteinander vermischen und ca. 30 Min. ziehen lassen. Danach nochmals abschmekken. In Cocktailgläser etwas kleingeschnittenen Salat hineingeben und die Shrimps zu 4 Portionen darin aufteilen. Mit den Orangenscheiben und den Dillsträußchen garnieren und servieren.

Zubereitungszeit: ca. 30 Minuten

Chicorée in Sahnesoße

Neutral

Zutaten:
4 Chicorée-Kolben
Saft einer Zitrone
1 Zwiebel, in Würfel
20 g Speck, in Würfel
40 g Butter
250 ml Sahne
250 ml Gemüsebrühe
Kräutersalz, Muskat, Streuwürze
3 Eigelb
1 Bund Petersilie, gehackt

Den Chicorée in Salzwasser mit dem Zitronensaft ca. 15 Min. köcheln und danach gut abtropfen lassen. Die Zwiebel- und die Speckwürfel in der Butter kurz anbraten, danach den Chicorée kurz rundherum mit anbraten und wieder herausnehmen. Die Sahne und die Gemüsebrühe aufgießen, kurz aufkochen lassen und vom Herd nehmen. Etwas abkühlen lassen, abschmecken und mit dem Eigelb verrühren. Den Chicorée wieder einlegen und vorsichtig erwärmen. Mit gehackter Petersilie beim Anrichten garnieren.

Zubereitungszeit: ca. 35 Minuten

Suppen

Gemüse-Grundbrühe

Neutral

Zutaten:
100 g Karotten
100 g Sellerie
100 g Kohlrabi
100 g Lauch
100 g Weißkohl
1 kl. Zwiebel
50 g Petersilie
1,5 l Wasser

Das gewaschene, geschälte und klein geschnittene Gemüse mit der Zwiebel und der Petersilie in kaltem Wasser aufsetzen und langsam zum Kochen bringen. Ca. 30 Min. köcheln lassen und dann abpassieren. Bis zum weiteren Gebrauch kühlstellen.

Zubereitungszeit: ca. 45 Minuten

Grünkernsuppe

Kohlenhydrate

Zutaten:
100 g Grünkern, geschrotet
1 l Gemüsebrühe (Grundrezept)
Kräutersalz
je 1/2 TL Kümmel und Thymian
300 g Lauch
100 g Möhren
1 Zwiebel
4 EL saure Sahne
Petersilie

Den geschroteten Grünkern in der Gemüsebrühe mit den Gewürzen aufkochen und zugedeckt ca. 20 Min. köcheln lassen. Lauch und Möhren waschen, mit der Zwiebel kleinschneiden und in der Suppe mitköcheln lassen. Dann nochmals abschmecken, mit der sauren Sahne und der Petersilie garnieren und servieren.

Zubereitungszeit: ca. 40 Minuten

Gemüsecremesuppe

Neutral

Zutaten:
100 g Möhren
100 g Sellerie
100 g Blumenkohl
100 g Brokkoli
100 g Erbsen
1 kl. Zwiebel
20 g Butter
500 ml Gemüsebrühe (Grundrezept)
500 ml Sahne
Kräutersalz, Muskat, Streuwürze
Petersilie

Das Gemüse waschen, putzen und kleinschneiden. In der zerlassenen Butter das Gemüse und die Zwiebel anschwitzen und mit der Gemüsebrühe und der Sahne auffüllen. Mit den Gewürzen abschmekken und ca. 25 Min. köcheln lassen. Dann das Ganze mit dem Mixstab pürieren und nochmals abschmecken. Mit der kleingehackten Petersilie garnieren.

Zubereitungszeit: ca. 25 Minuten

Kürbis †S. 142

Pikante Kürbissuppe – Variante 1

Neutral

Zutaten:
250 g Lauch
400 g Kürbis
100 g Karotten
50 g Zwiebeln
2 EL Öl
Kräutersalz, Muskat, Nelken,
Thymian, Majoran, Cayenne
1 l Gemüsebrühe (Grundrezept)
3 EL Buchweizen
4 EL saure Sahne

Das Gemüse waschen und kleinschneiden. In dem Öl die Zwiebeln und das Gemüse anschwitzen und würzen. Mit der Gemüsebrühe auffüllen, den Buchweizen dazugeben und ca. 20 Min. köcheln lassen. Danach nochmals abschmecken und mit einem Tupfer saure Sahne servieren.

Zubereitungszeit: ca. 35 Minuten

Pikante Kürbissuppe – Variante 2

Kohlenhydrate

Zutaten:
500 g Kürbis
500 g Kartoffeln
250 g Lauch
1 l Gemüsebrühe
Kräutersalz, Muskat, Streuwürze
100 ml Sahne
Petersilie

Den kleingeschnittenen Kürbis, die Kartoffeln und den Lauch in der Ge müsebrühe mit den Gewürzen weich kochen und pürieren. Mit der Sahne und der Petersilie verfeinern und servieren.

Zubereitungszeit: ca. 25 Minuten

Gemüsesuppe mit rohen Kartoffeln

Kohlenhydrate

Zutaten:
100 g Karotten
100 g Sellerie
100 g Kohlrabi
100 g Weißkohl
100 g Lauch
1 mittelgroße Zwiebel
50 g Speck
2 EL Öl
Kräutersalz, Majoran, Muskat
300 g Kartoffeln
50 g Petersilie

Das Gemüse waschen, schälen und in Würfel schneiden. Die Zwiebel und den Speck kleinschneiden und mit dem Gemüse in etwas Öl anschwitzen. Mit Wasser auffüllen, mit den Gewürzen abschmecken und langsam kochen, bis das Gemüse weich wird. Danach die rohen, geriebenen Kartoffeln zugeben und nachwürzen, jedoch nicht mehr kochen lassen. Die Suppe mit gehackter Petersilie garnieren und servieren.
Zubereitungszeit: ca. 35 Minuten

Grüne Bohnensuppe

Kohlenhydrate

Zutaten:
500 g grüne Bohnen
150 g Karotten
150 g Sellerie
100 g Lauch
1 kl. Zwiebel
50 g Speck
2 EL Öl
Gemüsebrühe
200 g Kartoffeln
Kräutersalz, Muskat, Bohnenkraut

Die verschiedenen Gemüse waschen, putzen und kleinschneiden. Die Zwiebel, den Speck und das Gemüse in etwas Öl anschwitzen und mit Gemüsebrühe auffüllen. Kartoffeln schälen, kleinschneiden und ebenfalls dazugeben. Würzen und das Ganze kochen, bis das Gemüse weich ist.

Zubereitungszeit: ca. 40 Minuten

Zucchinicremesuppe

Neutral

Zutaten:
600 g Zucchini
20 g Butter
1 kl. Zwiebel
500 ml Gemüsebrühe (Grundrezept)
500 ml Sahne
Kräutersalz, Curry, Bohnenkraut
Dill, Muskat

Die Zucchini waschen und grob zerreiben. In der zerlassenen Butter die Zucchini und die Zwiebel anschwitzen. Mit der Gemüsebrühe und der Sahne auffüllen und mit den Gewürzen abschmecken. Ca. 15 Min. köcheln lassen und mit einem Mixstab pürieren. Nochmals abschmekken und mit dem Dill garnieren.

Zubereitungszeit: ca. 20 Minuten
(s. Foto S. 129)

Lauchcremesuppe

Neutral

Zutaten:
700 g Lauch
20 g Butter
1 kl. Zwiebel
1 l Gemüsebrühe (Grundrezept)
Kräutersalz, Muskat, Streuwürze
500 ml Sahne

Den Lauch putzen, kleinschneiden und waschen. In der zerlassenen Butter den Lauch und die kleingeschnittene Zwiebel anschwitzen. Mit der Gemüsebrühe auffüllen und würzen, danach ca. 10 Min. köcheln lassen. Mit der Sahne verfeinern und anrichten.

Zubereitungszeit: ca. 20 Minuten
(s. Foto S. 129)

Möhrencremesuppe

Neutral

Zutaten:
800 g Möhren, gewürfelt
100 g Zwiebeln, fein gewürfelt
20 g Butter
600 ml Gemüsebrühe
Kräutersalz, Streuwürze
250 ml Sahne
Petersilie, gehackt

Die Zwiebel- und Möhrenwürfel in der Butter anschwitzen. Mit der Gemüsebrühe auffüllen, würzen und ca. 25 Min. köcheln lassen. Dann die Sahne dazugeben, kurz aufkochen und mit einem Mixstab pürieren. Nochmals abschmecken und mit gehackter Petersilie garnieren.

Zubereitungszeit: ca. 30 Minuten
(s. Foto S. 129)

Zwiebelsuppe

Eiweiß

Zutaten:
750 g Zwiebeln
40 g Butter
2 l Gemüsebrühe (Grundrezept)
¼ l trockener Weißwein
Kräutersalz, Paprika, Knoblauch

Die Zwiebeln schälen und in Ringe schneiden. In einem Topf die Butter zerlassen und die Zwiebelringe darin anschwitzen. Mit Salz, Paprika und Knoblauch würzen und mit Weißwein ablöschen. Die Gemüsebrühe dazugeben und ca. 30 Min. köcheln lassen.
Je nach Geschmack kann die Suppe mit geriebenem Käse überbacken werden.

Zubereitungszeit: ca. 40 Minuten
(s. Foto S. 129)

Blumenkohlcremesuppe mit Frischkäse

Kohlenhydrate

Zutaten:
600 g Blumenkohlröschen
200 g Kartoffeln, fein gewürfelt
1 l Gemüsebrühe
Kräutersalz, Muskat
100 g Frischkäse (z. B. Philadelphia)
Petersilie, gehackt

Die Blumenkohlröschen und die Kartoffelwürfel in der Gemüsebrühe ca. 20 Min. garen. Einige Blumenkohlröschen herausnehmen und zur späteren Einlage aufbewahren. Den Rest mit einem Mixstab pürieren und mit den Gewürzen abschmecken. Dann den Frischkäse und die Petersilie dazugeben und gut verrühren.

Zubereitungszeit: ca. 30 Minuten
(s. Foto S. 129)

Champignoncremesuppe

Neutral

Zutaten:
1 kg Champignons
20 g Butter
1 kl. Zwiebel
1 l Gemüsebrühe (Grundrezept)
500 ml Sahne
Kräutersalz, Muskat, Streuwürze
50 g Petersilie

Die Champignons waschen, schälen und kleinschneiden. In der zerlassenen Butter die Zwiebel und die Champignons anschwitzen, mit der Gemüsebrühe und der Sahne auffüllen, würzen und ca. 15 Min. einkochen lassen. Mit kleingeschnittener Petersilie verfeinern.

Zubereitungszeit: ca. 20 Minuten

oben Mitte: Zwiebelsuppe
oben rechts: Möhrencremesuppe
unten rechts: Lauchcremesuppe
oben links: Zucchinicremesuppe
unten links: Blumenkohlcremesuppe mit Frischkäse

Gebackene Aubergine

Neutral

Zutaten:
4 mittlere Auberginen
3 Knoblauchzehen
1 Zwiebel
3 EL Pflanzenöl
100 g geriebener Käse,
über 60% Fett i. Tr.
Kräutersalz

Die Auberginen waschen und 1/3 als Deckel abschneiden. Mit dem zerdrückten Knoblauch bestreuen und mit Kräutersalz würzen. Dann den geriebenen Käse darüberstreuen. Die Zwiebel kleinschneiden und mit dem Öl in den Römertopf geben. Darüber die Auberginen geben und zugedeckt 1/2 Std. backen.

Zubereitungszeit: ca. 35 Minuten

Fenchelgemüse

Neutral

Zutaten:
800 g Fenchel
200 ml Gemüsebrühe (Grundrezept)
20 g Butter
Kräutersalz, Streuwürze

Fenchel putzen, waschen und in Würfel schneiden. Das Fenchelkraut waschen und kleinhacken. Die Butter zerlassen und den Fenchel darin anschwitzen, mit der Gemüsebrühe auffüllen, würzen und ca. 15 Min. weich dünsten. Zum Schluß mit dem Fenchelkraut bestreuen.

Zubereitungszeit: ca. 25 Minuten

Gemüsegratin

Neutral

Zutaten:
2 Knoblauchzehen
20 g Butter
je 250 g Brokkoliröschen, Zucchinischeiben, Möhrenscheiben, Blumenkohlröschen und Auberginenscheiben
200 ml Sahne
100 g Crème fraîche
2 Eigelb Kräutersalz, Streuwürze
200 g Käse, geraspelt,
über 60% Fett i. Tr.

Eine Auflaufform mit der Butter und dem Knoblauch ausreiben bzw. ausfetten. Das Gemüse waschen, abtropfen lassen und in die Auflaufform legen. Die Sahne mit der Crème fraîche und dem Eigelb sowie den Gewürzen verrühren und über das Gemüse geben. Mit dem Käse bestreuen und im Backofen ca. 25 Min. bei 170 °C backen.

Zubereitungszeit: ca. 45 Minuten

Gurkenscheiben mit Quarkfüllung

Neutral

Zutaten:
2 Salatgurken
2 kl. Zwiebeln
1 Knoblauchzehe
Petersilie, Dill, Schnittlauch
200 g Quark (20%)
4 EL Dickmilch
2 EL Öl
Kräutersalz
50 g Radieschen
Kresse

Die Salatgurken schälen und der Länge nach halbieren. Mit einem Kaffeelöffel die Kerne auskratzen, dann die Gurken in ca. 8 cm lange Stücke schneiden. Die Abschnitte der Gurken kleinraspeln und mit den kleingeschnittenen Zwiebeln und dem Knoblauch sowie den gehackten Kräutern mischen. Die Gurkenmischung mit dem Quark, der Dickmilch, dem Öl und den Gewürzen verrühren. Die Masse mit einem Spritzbeutel und großer Tülle auf die Gurkenstücke aufspritzen und mit der Kresse und den Radieschenscheiben garnieren.

Zubereitungszeit: ca. 15 Minuten

◀ 

Ratatouillegemüse

Neutral

Zutaten:
6 EL Olivenöl
250 g Zucchini, in gleichmäßigen Würfeln
100 g Auberginen, in gleichmäßigen Würfeln
200 g Paprikawürfel, bunt gemischt
100 g Zwiebelwürfel
1 Knoblauchzehe
300 g Tomatenwürfel, enthäutet
Kräutersalz, Streuwürze
100 ml Tomatensaft
2 EL Petersilie, gehackt

Das Olivenöl in einem Topf erhitzen. Darin die Zucchini, Auberginen, Paprika, Zwiebeln und den Knoblauch ca. 10 Min. anbraten. Dann die Tomatenwürfel dazugeben und ca. 5 Min. mitdünsten. Mit den Gewürzen abschmecken, den Tomatensaft dazugeben und weiterdünsten, bis das Gemüse weich ist. Zum Schluß die gehackte Petersilie dazugeben und servieren.

Zubereitungszeit: ca. 35 Minuten
(s. Foto S. 139)

Spinatauflauf

Eiweiß

Zutaten:
400 g frischer Spinat, blanchiert und ausgedrückt
60 g Butter
1 Zwiebel, gewürfelt
250 ml Sahne
3 Eigelb
Kräutersalz, Muskat, Streuwürze
80 g frisch geriebener Parmesankäse
3 Eiweiß

30 g Butter in einem Topf zerlassen und darin die Zwiebelwürfel glasig dünsten. Dann den Spinat hinzugeben und unter ständigem Rühren 2–3 Min. erhitzen, bis alle Flüssigkeit eingekocht ist und der Spinat anfängt, am Boden zu haften. Jetzt den Topf beiseite stellen.

Die Sahne in einem weiteren Topf kurz aufkochen und vom Herd nehmen. Sodann unter ständigem Rühren das Eigelb hinzugeben und mit Salz, Muskat und der Streuwürze abschmecken. Jetzt den Spinat und den Parmesankäse hineingeben und alles gut vermischen. Das Eiweiß steif schlagen und ebenfalls vorsichtig unterheben. Mit der restlichen Butter eine Auflaufform einfetten und die Spinatmischung einfüllen. Den Auflauf zugedeckt ca. 60 Min. im Backofen bei 160 °C garen. Der Auflauf sollte sich überall fest anfühlen, ansonsten muß die Garzeit entsprechend verlängert werden.

Zubereitungszeit: ca. 45 Minuten

Gedünstete Gurken mit Dillbutter und Eigelb

Neutral

Zutaten:
2 Salatgurken
120 g Butter
Kräutersalz, Streuwürze
200 ml Gemüsebrühe (Grundrezept)
1 Bund Dill
2 Eigelb

Die Salatgurken schälen und der Länge nach halbieren. Mit einem Kaffeelöffel die Kerne auskratzen und die Gurken in halbmondförmige Scheiben (ca. 1 cm stark) schneiden. Diese in 20 g zerlassener Butter anschwitzen. Dann würzen und mit der Gemüsebrühe auffüllen, das Ganze ca. 5 Min. dünsten. In der Zwischenzeit die restliche Butter mit dem gehackten Dill verkneten und auf die Gurken verteilen. Mit kleingehacktem, hartgekochtem Eigelb bestreuen.

Zubereitungszeit: ca. 20 Minuten

◀

Möhrengemüse

Neutral

Zutaten:
800 g Möhren
20 g Butter
1/4 l Gemüsebrühe (Grundrezept)
Kräutersalz, Streugewürz
1 Bund Petersilie

Die Möhren waschen, putzen und kleinschneiden. In der zerlassenen Butter anschwitzen, mit Gemüsebrühe auffüllen, würzen und ca. 15 Min. gar dünsten. Zum Schluß mit gehackter Petersilie überstreuen.

Zubereitungszeit: ca. 15 Minuten
(s. Foto S. 139)

Selleriegemüse

Neutral

Zutaten:
1 kg Sellerie
20 g Butter
1/4 l Gemüsebrühe (Grundrezept)
Kräutersalz, Streugewürz
Petersilie

Den Sellerie waschen, putzen und kleinschneiden. In der zerlassenen Butter anschwitzen, mit Gemüsebrühe auffüllen, würzen und ca. 15 Min. gar dünsten. Zum Schluß mit gehackter Petersilie überstreuen.

Zubereitungszeit: ca. 15 Minuten

Gedünstete Gurken mit Zwiebeln

Neutral

Zutaten:
1 Salatgurke
1 kl. Zwiebel
20 g Butter
200 ml Gemüsebrühe (Grundrezept)
Meersalz, Streuwürze
Dill

Die Gurke schälen, der Länge nach halbieren und mit einem Kaffeelöffel die Kerne auskratzen. Dann die Gurke in halbmondförmige Scheiben, ca. 1 cm stark, schneiden und in der zerlassenen Butter mit der Zwiebel anschwitzen. Mit der Gemüsebrühe auffüllen, würzen und ca. 5 Min. dünsten. Mit Dill garnieren und servieren.

Zubereitungszeit: ca. 15 Minuten
(s. Foto S. 139)

Geschmorte Artischocken

Neutral

Zutaten:
6 mittlere Artischocken
1 Zwiebel
2 Knoblauchzehen
3 Karotten
Kräutersalz, Paprika, 2 Nelken
Petersilie
3 EL Öl

Die Artischocken von den harten Außenblättern und den Blattspitzen trennen und stückweise in Viertel schneiden. Die Zwiebel, den Knoblauch und die Karotten in Würfel schneiden und in den Römertopf geben. Dann das Öl dazugeben und die Artischockenteile hinzufügen. Mit Salz, Paprika, Nelken und der Petersilie würzen und bei mittlerer Hitze 20–25 Min. schmoren lassen.

Zubereitungszeit: ca. 30 Minuten

Brokkoli natur

Neutral

Zutaten:
800 g Brokkoliröschen
50 g Butter
Vollmeersalz, Kümmel

Die Brokkoliröschen mit Salz und Kümmel würzen und im Wasserdampf ca. 10 Min. weichdämpfen. Die Butter zerlassen und über den Brokkoli geben.

Zubereitungszeit: ca. 15 Minuten
(s. Foto S. 139)

Spinat

Neutral

Zutaten:
1 kg Blattspinat
1 Zwiebel
20 g Butter
1 Knoblauchzehe
100 ml Sahne
Kräutersalz, Gemüsebrühe

Den Blattspinat abzupfen und waschen, dann ca. 1 Min. in kochendem Salzwasser blanchieren und sofort in Eiswasser geben; je kälter, desto besser bleibt die Farbe erhalten. Die Butter zerlassen, die Zwiebel und den Knoblauch darin anschwitzen, den Spinat dazugeben, mit Sahne auffüllen, würzen und kurz durchdünsten.

Zubereitungszeit: ca. 30 Minuten

Zucchini trifolati (Courgettenauflauf)

Neutral

Zutaten:
600 g Zucchini
2 Tomaten
3 Knoblauchzehen
2 EL Öl
100 ml Gemüsebrühe (Grundrezept)
Kräutersalz, Oregano, Lorbeerblatt

Die Zucchini waschen und in Scheiben schneiden. Die Tomaten schälen und vierteln. Den gehackten Knoblauch in dem Öl anbraten, dann die Gemüsebrühe, die Zucchini und die Tomaten zugeben und schmoren lassen. Mit Salz, Oregano und dem Lorbeerblatt würzen und ca. 10 Min. weiterschmoren lassen.

Zubereitungszeit: ca. 45 Minuten

Zucchinigemüse

Neutral

Zutaten:
800 g Zucchini
1 Zwiebel
20 g Butter
gem. Kümmel
Kerbel, Kräutersalz
1 Knoblauchzehe, gehackt
Petersilie

Die Zucchini waschen und in Scheiben schneiden. Die Zwiebel in Würfel schneiden und in der Butter glasig werden lassen. Dann die Zucchinischeiben dazugeben und mit den Gewürzen und Knoblauch abschmecken. Ca. 8 Min. weiterdünsten. Zum Schluß mit gehackter Petersilie bestreuen und servieren.

Zubereitungszeit: ca. 15 Minuten
(s. Foto S. 139)

Gebackener Blumenkohl

Kohlenhydrate

Zutaten:
1 Blumenkohl
Vollkornpaniermehl
Kräutersalz, Muskat
3 Eigelb
Pflanzenöl zum Backen

Den Blumenkohl in Röschen zerteilen, würzen und halbweich dämpfen. Das Eigelb mit etwas Wasser verrühren und damit sowie mit dem Vollkornpaniermehl den Blumenkohl panieren. Sodann wird der Blumenkohl im Bratfett goldbraun ausgebacken.

Zubereitungszeit: ca. 35 Minuten

Gemüsevariation

Bayerisches Kraut

Eiweiß

Zutaten:
1 kg Weißkraut
1 Zwiebel
100 g Dörrfleisch
20 g Butter
200 ml Gemüsebrühe (Grundrezept)
100 ml trockener Weißwein
Kräutersalz, Kümmel, Streuwürze

Das Weißkraut putzen, kleinschneiden und waschen. Die Zwiebel und das Dörrfleisch kleinschneiden und in der Butter glasig werden lassen. Das Kraut dazugeben, mit der Gemüsebrühe, dem Wein und den Gewürzen auffüllen und weich dünsten lassen.

Zubereitungszeit: ca. 35 Minuten

Gratinierter Fenchel

Eiweiß

Zutaten:
600 g Fenchel
20 g Butter
150 g Parmesankäse, gerieben
Kräutersalz
Paprikapulver, süß

Den Fenchel waschen, der Länge nach vierteln und in kochendem Salzwasser etwa 20 Min. weich kochen. Mit kaltem Wasser abschrecken und in eine gefettete Auflaufform legen. Mit Parmesankäse und Paprika überstreuen und bei 250 °C ca. 10 Min. im Backofen überbacken.

Zubereitungszeit: ca. 40 Minuten

Gebackener Brokkoli

Eiweiß

Zutaten:
800 g Brokkoliröschen
3 Knoblauchzehen, fein gehackt
6 Tomaten, in Scheiben geschnitten
125 g Parmesankäse
Kräutersalz
20 g Butter zum Einfetten

Den Brokkoli in kochendem Salzwasser ca. 6 Min. blanchieren und gut mit kaltem Wasser abschrecken. Anschließend in eine gefettete Form geben, Tomatenscheiben darüberlegen und mit dem Knoblauch und dem Kräutersalz bestreuen. Geriebenen Parmesankäse darübergeben und im Backofen bei 250 °C ca. 20 Min. überbacken.

Zubereitungszeit: ca. 35 Minuten

Überbackener Blumenkohl

Eiweiß

Zutaten:
1 kg Blumenkohlröschen
20 g Butter zum Einfetten
2 Eier
Kräutersalz, Muskat, Paprika
Streugewürz
Petersilie, gehackt

Die Blumenkohlröschen ca. 10 Min. in kochenem Salzwasser weich kochen und in eine gefettete Form geben. Mit dem verquirlten Ei und den Gewürzen übergießen und im Backofen überbacken, bis alles goldbraun ist. Dann mit Petersilie bestreuen.

Zubereitungszeit: ca. 40 Minuten

Gefüllte Auberginen

Neutral

Zutaten:
4 Auberginen à 350 g
3 Zwiebeln, in Ringe
2 Knoblauchzehen, gewürfelt
500 g Tomaten, geschält und gewürfelt
Zimtstange
1 Lorbeerblatt
50 ml Olivenöl, kaltgepreßt
Kräutersalz
50 g Mandelblättchen
120 g Käse, über 60% Fett i. Tr., gerieben

Die Auberginen im Backofen ca. 10 Min. rösten. Danach die Haut abziehen und der Länge nach halbieren. Mit einem Eßlöffel das Kerngehäuse so herauslösen, daß ein ca. 2 cm breiter Rand stehenbleibt. Die Zwiebeln, den Knoblauch, die Tomaten, die Zimtstange, das Lorbeerblatt und das gewürfelte Kerngehäuse im Olivenöl kurz anbraten, würzen und ca. 5 Min. dünsten. Danach die Zimtstange und das Lorbeerblatt entfernen, das Gemüse auf die gewürzte Auberginenhälfte verteilen, mit dem geriebenen Käse und den Mandelblättchen bestreuen und im Backofen bei 180 °C ca. 15 Min. überbacken.

Zubereitungszeit: ca. 35 Minuten

Schwarzwurzeln mit Rahm

Kohlenhydrate

Zutaten:
600 g Schwarzwurzeln
1 Zwiebel
250 ml Sahne
Petersilie
Kräutersalz, Streuwürze
20 g Butter

Die Zwiebel würfeln und in der Butter anschwitzen. Dann die Schwarzwurzeln zugeben und mit der Sahne auffüllen. Das Ganze würzen und weich köcheln lassen. Zum Schluß mit gehackter Petersilie garnieren.

Zubereitungszeit: ca. 20 Minuten

Gebackener Kürbis

Kohlenhydrate

Zutaten:
1 kg Kürbis
3 Eigelb
Vollkornpaniermehl
Kräutersalz, Streuwürze
Pflanzenöl zum Backen

Den Kürbis schälen, von den Kernen befreien und in Scheiben schneiden. Diese dann würzen und halbweich dämpfen. Mit dem Eigelb und dem Paniermehl panieren und ausbacken.

Zubereitungszeit: ca. 30 Minuten

Weißkraut mit Tomaten und Käse

Eiweiß

Zutaten:
500 g Weißkraut
Salz
250 g Tomaten, geschält und geviertelt
150 g Emmentaler Käse, gerieben
20 g Butter
Kräutersalz, Kümmel

Das Weißkraut putzen und in Streifen schneiden. In kochendem Salzwasser weich blanchieren, in kaltem Wasser abkühlen und gut abtropfen lassen. Alle Zutaten schichtweise in eine gefettete Auflaufform legen, nach Geschmack würzen und im Backofen ca. 35 Min. backen.

Zubereitungszeit: ca. 50 Minuten

Wirsinggemüse

Neutral

Zutaten:
1 großer Wirsingkopf
1 kl. Zwiebel
30 g Butter
200 ml Sahne
100 ml Gemüsebrühe (Grundrezept)
Kräutersalz, Kümmel, Muskat

Den Wirsing putzen, kleinschneiden und waschen. Die Zwiebel kleinschneiden und mit dem Wirsing in der zerlassenen Butter anschwitzen. Mit der Sahne und der Gemüsebrühe auffüllen, würzen und weich dünsten.

Zubereitungszeit: ca. 20 Minuten

Spargel

Neutral

Zutaten:
2 kg Spargel, weiß
1 Orange, unbehandelt
1 EL Vollmeersalz

Den Spargel mit dem Spargelschäler gut schälen. Entsprechende Menge Wasser mit Salz und der halbierten Orange aufsetzen. Wenn der Sud kocht, den Spargel dazugeben und so lange köcheln, bis der Spargel weich ist, aber noch Biß hat.

Zubereitungszeit: ca. 25 Minuten
(s. Foto S. 139)

Kohlrabi in Rahm

Neutral

Zutaten:
1 kg Kohlrabi
200 ml Gemüsebrühe (Grundrezept)
20 g Butter
200 ml Sahne
Kräutersalz, Streuwürze
1 Bund Petersilie

Die Kohlrabi schälen und kleinschneiden. In der Gemüsebrühe fast weich dünsten und abgießen. Die Butter und die Sahne dazugeben, würzen und nochmals kurz durchdünsten. Zum Schluß abschmecken und mit gehackter Petersilie überstreuen.

Zubereitungszeit: ca. 20 Minuten

Geschmorter Chicorée mit Zitrone

Eiweiß

Zutaten:
4 mittelgroße Stangen Chicorée
40 g Butter
1 Zitrone
Kräutersalz

Den Chicorée waschen und in zerlassener Butter ca. 10 Min. ringsum leicht anbraten. Mit Meersalz und Kräutersalz würzen und den Zitronensaft darüberträufeln.

Zubereitungszeit: ca. 25 Minuten

Paprikagemüse

Eiweiß

Zutaten:
6 Paprika, bunt
2 Äpfel
1 Zwiebel
2 Tomaten
20 g Butter
Kräutersalz, Kümmel, Thymian, Knoblauch, Basilikum

Die Paprikaschoten putzen und waschen, in Streifen schneiden und mit der kleingeschnittenen Zwiebel und den Äpfeln in der zerlassenen Butter dünsten. Die Tomaten schälen, vierteln und dazugeben. Mit Salz, Kümmel, Thymian, Knoblauch, Basilikum würzen und alles dünsten, bis es weich ist.

Zubereitungszeit: ca. 20 Minuten
(s. Foto S. 139)

Rote-Bete-Gemüse

Eiweiß

Zutaten:
1 kg Rote Bete
1 große Zwiebel
250 g Äpfel
1/4 l Gemüsebrühe (Grundrezept)
Kräutersalz, Gewürznelken, Lorbeerblatt
2 EL Apfelessig

Die Rote Bete waschen und schälen, dann kleinschneiden, ebenso die Zwiebel und die Äpfel. Alles zusammen mit der Gemüsebrühe und den Gewürzen aufsetzen und dünsten, bis die Rote Bete weich ist. Zum Schluß den Apfelessig dazugeben.

Zubereitungszeit: ca. 25 Minuten

Rotkrautgemüse

Eiweiß

Zutaten:
1 kg Rotkraut
1 Zwiebel
4 Äpfel
3 EL Öl
Kräutersalz, Lorbeerblätter, Nelken
200 ml Gemüsebrühe (Grundrezept)
300 ml trockener Rotwein
3 EL Obstessig

Das Rotkraut putzen und kleinschneiden. Die Zwiebel und die Äpfel schälen und ebenfalls kleinschneiden. Das Öl in einem Schmortopf erhitzen und das Rotkraut, die Äpfel und die Zwiebel darin gut anbraten (braten wegen der Geschmacksbildung). Dann mit der Gemüsebrühe, dem Rotwein, dem Essig sowie den Gewürzen auffüllen und zugedeckt ca. 40 Min. schmoren lassen. Wenn nötig, noch mit etwas Rotwein oder Gemüsebrühe auffüllen.

Zubereitungszeit: ca. 45 Minuten

Gebackener Spinat

Eiweiß

Zutaten:
1 kg Spinat
20 g Butter
3 Eier
150 ml Sahne
2 Knoblauchzehen, zerdrückt
Kräutersalz, Muskat

Den Spinat verlesen und waschen. Danach in kochendem Salzwasser ca. 1 Min. blanchieren und dann in kaltem Wasser gut abschrecken. Die Wasserreste aus dem Spinat auspressen und diesen in eine gefettete Form geben. Die Eier mit der Sahne verquirlen, mit Salz, Muskat und Knoblauch würzen und über den Spinat gießen. Im Backofen backen, bis die Flüssigkeit gestockt ist.

Zubereitungszeit: ca. 45 Minuten

Soßen und Mayonnaisen

Pikante Soße

Neutral

Zutaten:
1 Zwiebel, grob gewürfelt
100 g Karotten, in Scheiben
50 g Sellerie, gewürfelt
50 g Champignons
1 EL Pflanzenfett
1 EL Kapern
Kräutersalz, Paprika, Streuwürze
Knoblauch, gehackt
50 ml Sahne

Die Zwiebel und das Gemüse im Pflanzenfett anbraten. Die Kapern und die Gewürze dazugeben und ca. 15 Min. dünsten. Das Ganze mit dem Mixstab pürieren, mit Sahne verfeinern und nochmals abschmecken.

Zubereitungszeit: ca. 20 Minuten

Sauce hollandaise

Neutral

Zutaten:
1 EL Essig
6 EL Wasser
etwas Zitronensaft
Kräutersalz
2 Schalotten, gehackt
4 Eigelb
250 g Butter

In einem Topf 4 EL Wasser mit dem Essig, dem Zitronensaft, dem Salz und den Schalotten aufkochen und ziehen lassen. Dann abpassieren und nochmals kurz einkochen. Diesen Gewürzsud in eine Schüssel geben, mit 2 EL kaltem Wasser und dem Eigelb verrühren. Im Wasserbad bei ca. 60 °C aufschlagen, bis die Masse cremig wird. In der Zwischenzeit die Butter in einem Topf klären. (Klären heißt: Man läßt die Butter aufkochen, bis das darin enthaltene Wasser verdampft ist. Vorsicht, sie sollte dabei keine Farbe annehmen.) Die noch warme Butter wird jetzt langsam (tropfenweise) in die cremig geschlagene Eigelbmasse gerührt. Bei zu starkem Eindicken der Soße kann noch etwas Wasser hinzugefügt werden.

Zubereitungszeit: ca. 25 Minuten

Rahmchampignonsoße

Neutral

Zutaten:
250 g Champignons in Scheiben geschnitten
1/2 Zwiebel, fein gehackt
20 g Butter
100 ml Sahne
Kräutersalz, Streuwürze
1 Eigelb
1 Bund Petersilie, gehackt

Die Zwiebelwürfel und die Champignonscheiben in der zerlassenen Butter weich dünsten. Dann mit Sahne auffüllen, würzen und etwas einkochen lassen. Vom Herd nehmen, das Eigelb einrühren und mit gehackter Petersilie bestreuen.

Vorsicht: Nachdem das Eigelb zugesetzt wurde, darf die Soße nicht mehr kochen.

Zubereitungszeit: ca. 15 Minuten

Käsesoße

Neutral

Zutaten:
250 ml Sahne
100 g Gorgonzola Käse oder anderen
Kräutersalz, Streuwürze
evtl. frische Kräuter

Die Sahne aufkochen lassen, den Käse kleingeschnitten dazugeben, alles gut glattrühren, würzen und zur Wirsingroulade servieren. Die Soße kann mit frischen Kräutern verfeinert werden.

Zubereitungszeit: ca. 15 Minuten

Mayonnaise ohne Ei

Neutral

Zutaten:
2 – 3 EL Ouark
2 – 3 EL saure Sahne
1 EL Öl
I EL Honig
I Knoblauchzehe, zerdrückt
Streuwürze

Alle Zutaten gut miteinander verrühren und würzen.

Zubereitungszeit: ca. 10 Minuten

Holländische Soße

Kohlenhydrate

Zutaten:
50 g Butter
1 EL Vollkornmehl
1/4 l Gemüsebrühe
2 Eigelb
Kräutersalz, Streuwürze

Die Butter zerlassen und mit dem Vollkornmehl verrühren. Mit kalter Gemüsebrühe auffüllen und aufkochen lassen. Dann vom Herd nehmen, das Eigelb unterrühren und mit Salz und Streuwürze abschmecken. Evtl. mit Sahne verfeinern.

Vorsicht: Soße darf, nachdem das Eigelb zugesetzt ist, nicht mehr kochen.

Zubereitungszeit: ca. 15 Minuten

Weiße Soße zu Fisch

Eiweiß

Zutaten:
100 g Schalotten, fein gewürfelt
20 g Butter
100 ml trockener Weißwein
250 ml Sahne
200 ml Fischfond
Kräutersalz, Streuwürze
2 Eigelb
4 EL Sahne

Die Schalotten in der Butter glasig dünsten. Mit Weißwein, Sahne und dem Fischfond auffüllen. Kurz aufkochen lassen, würzen und vom Herd nehmen. Das mit der Sahne verquirlte Eigelb hineinrühren und sofort servieren. In diese Soße passen hervorragend kleine blanchierte Gemüsewürfel, z.B. Möhren, Lauch etc. oder kleingehacktes Fenchelkraut.

Zubereitungszeit: ca. 20 Minuten

Kräutersoße

Eiweiß

Zutaten:
100 g Schalotten, fein gewürfelt
20 g Butter
100 ml trockener Weißwein
250 ml Sahne
je 1 Bund Petersilie, Schnittlauch und Dill
Kräutersalz, Streuwürze

Die Schalotten in der Butter glasig dünsten. Mit Weißwein und Sahne auffüllen und auf die richtige Konsistenz einkochen lassen. Dann die fein gehackten Kräuter hineingeben, würzen und ca. 10 Min. ziehen lassen. Jetzt kann die Soße zu Eiweißgerichten serviert werden.

Zubereitungszeit: ca. 15 Minuten
(s. Foto S. 153)

Weißwein-Schnittlauch-Creme

Eiweiß

Zutaten:
1 kl. Zwiebel, gewürfelt
20 g Butter
4 cl trockener Weißwein
200 ml Sahne
Kräutersalz, Streuwürze
1 EL Crème fraîche
2 Bund Schnittlauch, geschnitten

Die Zwiebelwürfel in der Butter glasig dünsten, mit dem Weißwein und der Sahne auffüllen, würzen und etwas ein kochen lassen. Dann die Crème fraîche und den Schnittlauch hineingeben und verrühren. Nochmals kurz aufkochen lassen und servieren.

Zubereitungszeit: ca. 20 Minuten

Kräuterremoulade

Neutral

Zutaten:
2 gekochte Eigelb
2 rohe Eigelb
350 ml Öl
4 EL Essig
125 g saure Sahne
gehackte Kräuter
Dill, Petersilie, Schnittlauch, Liebstöckel, Kerbel, Kresse, Estragon
1 EL Kapern
1 Gewürzgurke, gewürfelt
Kräutersalz

Das Öl tropfenweise unter das rohe Eigelb und den Essig einrühren, bis eine cremige Masse entsteht. Dann das zerdrückte gekochte Eigelb sowie die restlichen Zutaten dazugeben und gut verrühren.

Zubereitungszeit: ca. 15 Minuten

Helle Salatsoße

Neutral

Zutaten:
2 EL saure Sahne
1 EL Joghurt
2 EL Dickmilch
1 EL Schmand
1 EL kaltgepreßtes Sonnenblumenöl
Kräutersalz, Streuwürze
je nach Geschmack Petersilie, Dill, Schnittlauch, gehackt
1 Knoblauchzehe, zerdrückt

Alle Zutaten zu einer glatten Soße verrühren und durchziehen lassen.

Zubereitungszeit: ca. 10 Minuten
(s. Foto S. 165)

Klare Salatsoße

Neutral

Zutaten:
2 EL Sonnenblumenöl (kaltgepreßt)
5 EL lauwarmes Wasser
je nach Geschmack Petersilie, Dill, Schnittlauch, gehackt
Kräutersalz, Streuwürze

Aus dem Öl und dem lauwarmen Wasser mit dem Pürierstab eine Soße herstellen. Diese mit den Gewürzen und Kräutern würzen und servieren.

Zubereitungszeit: ca. 10 Minuten

Schnelle Frankfurter Grüne Soße

Neutral

Zutaten:
2 EL Schmand
2 EL saure Sahne
1 EL Joghurt, natur
2 EL Pflanzenöl
3 hartgekochte Eigelbe
Kräutersalz
1 EL Kräuteressig
1 Bund Petersilie, Kerbel, Sauerampferblätter, Dill, Schnittlauch, Estragon, frisch und gehackt, je nach Geschmack

Den Schmand mit der sauren Sahne dem Joghurt und dem Öl zu einer glatten Soße verrühren. Das Eigelb hacken und mit dem Kräutersalz, dem Essig und den Kräutern in die Soße einrühren. Die Soße 1 Stunde im Kühlschrank durchziehen lassen und evtl. nochmals abschmecken.

Zubereitungszeit: ca. 15 Minuten
(s. Foto S. 153)

Mitte:	Schnelle Frankfurter Grüne Soße	unten rechts:	Braune Soße aus Rinderknochen
Mitte oben:	Sauce hollandaise	unten links:	Sauce Café de Paris
rechts:	Weißweinsoße	links:	Kräutersoße

Waldpilzcreme

Eiweiß

Zutaten:
100 g Dörrfleisch, gewürfelt
1 Zwiebel, gewürfelt
1 Knoblauchzehe, gehackt
30 g Bratfett
800 g Waldpilze, gemischt, tiefgekühlt
Kräutersalz, Streuwürze
4 cl Cognac
250 ml Sahne
Petersilie, gehackt

Das Dörrfleisch, die Zwiebelwürfel und den Knoblauch im heißen Fett an schwitzen, die Pilze dazugeben, würzen und ca. 5 Min. mitanschwitzen. Dann den Cognac und die Sahne dazugeben und gut einkochen lassen. Mit gehackter Petersilie bestreuen und anrichten.

Zubereitungszeit: ca. 25 Minuten

Weißweinsoße

Eiweiß

Zutaten:
50 g Zwiebel, fein gewürfelt
10 g Butter
250 ml Sahne
100 ml guter Weißwein,
nicht zu trocken
Kräutersalz, Streuwürze

Die Zwiebelwürfel in der Butter anschwitzen, mit der Sahne und dem Weißwein auffüllen, würzen und kurz einkochen lassen.

Zubereitungszeit: ca. 15 Minuten
(s. Foto S. 153)

Rieslingsoße

Eiweiß

Zutaten:
100 g Schalotten, fein gewürfelt
40 g Butter
200 ml Sahne
100 ml Rieslingwein
Kräutersalz, Streuwürze
Dill, gehackt

Die Schalottenwürfel in 20 g Butter glasig dünsten, mit der Sahne und dem Rieslingwein auffüllen, würzen und etwas einkochen lassen. Kurz vor dem Servieren den Dill, die restlichen 20 g Butter hinzugeben und mit dem Pürierstab aufmontieren*.

*Aufmontieren siehe Seite 104.

Zubereitungszeit: ca. 20 Minuten

Mayonnaise – Variante 1

Eiweiß

Zutaten:
2 Eigelb
2 EL Öl
Vollmeersalz, Zitronensaft
150 g Joghurt

Das Öl langsam unter das Eigelb schlagen, bis eine Verbindung entsteht. Mit Salz und Zitronensaft würzen. Den Joghurt hinzufügen und servieren. (Alle Zutaten sollten gekühlt verarbeitet werden.)

Zubereitungszeit: ca. 10 Minuten

Mayonnaise – Variante 2

Eiweiß

Zutaten:
8 EL Pflanzenöl
4 Eigelb
Saft einer Zitrone
5 EL Wasser
1 TL Senf
Kräuter, gehackt
Kräutersalz

Das Eigelb mit dem Senf, dem Wasser, dem Zitronensaft und etwas Salz verquirlen und das Pflanzenöl langsam einrühren. Mit Kräutern verfeinern und kühl stellen.

Tip: Mayonnaise nur aus frischen Eiern herstellen und sofort verbrauchen.

Zubereitungszeit: ca. 10 Minuten

Knoblauchmayonnaise

Eiweiß

Zutaten:
5 Eigelb
Kräutersalz
5 EL Wasser
5 EL Öl
Saft einer Zitrone
4 zerdrückte Knoblauchzehen

Das Eigelb mit dem Salz und dem Wasser verquirlen. Das Öl langsam einrühren, den Knoblauch und den Zitronensaft hinzufügen und gut durchrühren.

Zubereitungszeit: ca. 10 Minuten

Sauce Café de Paris

Eiweiß

Zutaten:
100 g Schalotten, fein gehackt
60 g Butter
250 ml Sahne
5 Kapern, püriert
2 Sardellen, püriert
1 TL Tomatenmark
2 cl Cognac
1 TL Curry
Kräutersalz, Streuwürze
etwas grober, bunter Pfeffer
1 Bund verschiedene gehackte Kräuter z. B. Petersilie, Schnittlauch, Salbei etc.

Die Schalotten in 20 g Butter glasig dünsten. Mit der Sahne auffüllen und kurz aufkochen lassen. Die Kapern mit den Sardellen, dem Tomatenmark und dem Cognac pürieren und zur Soße geben. Mit den Gewürzen abschmecken und vom Herd nehmen. Jetzt die restliche gekühlte Butter hinzugeben und mit dem Pürierstab aufmontieren*. Die Kräuter hineingeben und sofort servieren.

*Aufmontieren siehe Seite 104.

Zubereitungszeit: ca. 20 Minuten
(s. Foto S. 153)

Pikante Tomatensoße

Eiweiß

Zutaten:
1 Zwiebel, gewürfelt
1 EL Pflanzenöl
500 g Tomaten, geschält
1 EL Tomatenmark
¼ l Wasser
100 ml trockener Rotwein
Vollmeersalz, Zitronensaft
Basilikum, Salbei, Paprikapulver
1 Knoblauchzehe, zerdrückt
10 g Butter

Die Zwiebel in dem heißen Fett anschwitzen und die Tomaten sowie das Tomatenmark dazugeben. Kurz mit anschwitzen lassen, dann mit Wasser und Rotwein ablöschen, mit den Gewürzen abschmecken und 30 Min. gut durchkochen lassen. Zwischendurch die Butter dazugeben, sie nimmt der Soße den säuerlichen Geschmack. Dann die Soße im Mixer pürieren.

Zubereitungszeit: ca. 20 Minuten

Paprikasoße

Eiweiß

Zutaten:
3 große rote Paprikaschoten
1 kleine Zwiebel, gewürfelt
1 Knoblauchzehe
1 EL Öl
3 Tomaten, geschält und geviertelt
100 ml trockener Rotwein
Kräutersalz, Paprikapulver,
Zitronensaft
1 TL Butter

Die Paprikaschoten putzen, waschen und in Würfel schneiden. Die Zwiebel, die Knoblauchzehe und die Paprika im Öl anschwitzen, die Tomaten, den Rotwein und den Zitronensaft dazugeben, würzen und weich dünsten. Das Ganze mit einem Mixer pürieren und durch ein Sieb streichen. Den Topf auf die Platte stellen, die Butter hinzugeben und mit dem Schneebesen verrühren. Die Soße sofort servieren.

Zubereitungszeit: ca. 25 Minuten

Braune Soße aus Rinderknochen

Eiweiß

Zutaten:
1 kg walnußgroße Rinderknochen
40 g Pflanzenfett
je 100 g Möhren, Sellerie und
Zwiebeln, grob gewürfelt
80 g Lauch, grob gewürfelt
3 EL Tomatenmark
Kräutersalz, Streuwürze
4 Wacholderbeeren
2 Lorbeerblätter
200 ml trockener Rotwein zum
Ablöschen
Wasser zum Auffüllen
100 g Petersilie

Die walnußgroßen Rinderknochen in einem Bräter kräftig im heißen Fett anbraten. Dann das gewürfelte Gemüse und das Tomatenmark zugeben und ebenfalls mitanbraten. Die Gewürze dazugeben und mit dem Rotwein ablöschen. Mit Wasser auffüllen, bis die Knochen gut bedeckt sind, Petersilie hinzufügen und gut 2 Std. köcheln lassen. Dann die Soße mit einem Sieb abpassieren und nochmals aufkochen. Jetzt die Soße einkochen, bis sie die richtige Konsistenz erreicht hat.

Zubereitungszeit: ca. 120 Minuten
(s. Foto S. 153)

Braune Gemüsesoße

Neutral

Zutaten:
je 100 g Möhren, Sellerie und Zwiebeln, grob gewürfelt
50 g Lauch, grob gewürfelt
20 g Pflanzenfett
1 EL Tomatenmark
Kräutersalz, Streuwürze
Lorbeerblatt, Wacholderbeere
ca. 1 l Gemüsebrühe

Das gewürfelte Gemüse in dem heißen Fett anrösten. Den Lauch etwas später zugeben, da er leichter verbrennt. Das Tomatenmark und die Gewürze zugeben, alles nochmals mitrösten und mit der Gemüsebrühe auffüllen. Bei schwacher Hitze gut 30 Minuten köcheln lassen. Jetzt das Lorbeerblatt und die Wacholderbeere herausfischen und das Ganze mit einem Mixstab kräftig pürieren. Bei Bedarf kann die Soße nochmals mit Gemüsebrühe oder mit Sahne auf die richtige Konsistenz gebracht werden.

Zubereitungszeit: ca. 45 Minuten

Buttersoße

Neutral

Zutaten:
50 g Butter
3 Eigelb
Kräutersalz, Zitronensaft
50 ml Wasser, heiß

Die Butter leicht erwärmen und das Eigelb nach und nach unterrühren. Mit Salz und Zitronensaft würzen und das heiße Wasser hinzufügen. Das Ganze vorsichtig unter stetigem Rühren leicht erhitzen (Vorsicht, nicht zu heiß werden lassen, da sonst das Eigelb gerinnt und die Soße zerstört).

Ratschlag: Soße sofort verbrauchen. Nicht aufheben oder zu lange warmhalten wegen der Salmonellengefahr.

Zubereitungszeit: ca. 20 Minuten

Salate

Italienischer Fischsalat

Eiweiß

Zutaten:
400 g gekochtes Fischfilet (gemischt)
1 Apfel
50 g Sellerie
50 g Rote Bete
50 g Gurken
1 Zwiebel, gewürfelt
125 g Mayonnaise (selbstgemacht oder gekauft)
Kräutersalz, Knoblauchzehe, Fenchelpulver, Streugewürz
1 cl Ouzo (Anisschnaps)

Alle Zutaten in kleine Würfel schneiden und mit der Mayonnaise vermischen. Mit den Gewürzen und dem Ouzo abschmekken und ziehen lassen.

Zubereitungszeit: ca. 20 Minuten
(s. Foto)

Salat San Remo

Eiweiß

Zutaten:
400 g Tomaten, geschält
2 Eigelb, gekocht und gehackt
80 g Krabben
1 kl. Zwiebel, gerieben
4 EL Olivenöl, kaltgepreßt
einige Salatblätter
Kräutersalz, Basilikum, Petersilie

Die Tomaten in dünne Scheiben schneiden. Das gehackte Eigelb, die Krabben, die Zwiebel und das Olivenöl sowie die Gewürze dazugeben und vorsichtig mischen. Den Salat 30 Min. durchziehen lassen und auf Salatblättern anrichten.

Zubereitungszeit: ca. 25 Minuten

Schwedischer Krabbensalat

Eiweiß

Zutaten:
125 g Krabben
100 g Sellerie, geraspelt
100 g Erbsen
20 g Butter
1 Apfel, gewürfelt
125 g Mayonnaise
Salatblätter
Petersilie, gehackt
Dill, gehackt

Die Erbsen in der Butter anschwitzen, bis sie weich sind, dann abkühlen lassen. Krabben, Sellerie, Erbsen, Apfel, Mayonnaise und die Kräuter mischen und 30 Min. ziehen lassen. Den Salat auf Salatblättern anrichten.

Zubereitungszeit: ca. 25 Minuten
(s. Foto)

Salat von Schweizer Käse

Eiweiß

Zutaten:
400 g Emmentaler Käse
100 g Paprikastreifen, rot
1 Zwiebel, gehackt
100 g Kirschtomaten, halbiert
100 g Zucchinistreifen
125 g Joghurt
Kräutersalz, Paprika
Apfelessig
Petersilie, gehackt

Den Käse in Streifen schneiden und mit den restlichen Zutaten mischen. Den Joghurt und die Gewürze dazugeben und nochmals gut mischen.

Zubereitungszeit: ca. 20 Minuten
(s. Foto)

oben: Schwedischer Krabbensalat
links: Salat von Schweizer Käse
unten: Italienischer Fischsalat
rechts: Waldorf-Astoria-Salat

Geflügelsalat mit Orangen

Eiweiß

Zutaten:
200 g gekochte oder gebratene Hähnchenbrust
2 Orangen, filetiert
50 g halbierte Mandeln
1 cl Cognac
125 g Mayonnaise (selbstgemacht oder gekauft)
Kräutersalz, Streugewürz

Das Geflügelfleisch in feine Würfel schneiden, die Orangenfilets und die Mandeln dazugeben und mit der Mayonnaise, dem Cognac und den Gewürzen vermischen. Den Salat 30 Min. durchziehen lassen und nochmals abschmecken.

Zubereitungszeit: ca. 25 Minuten

Sellerie-Karotten-Salat

Eiweiß

Zutaten:
80 g geriebene Karotten
80 g Sellerie, fein geschnitten
40 g Nüsse, gerieben
2 EL Zitronensaft
100 g Mayonnaise
50 g geschnittenen grünen Salat

Karotten, Sellerie, Nüsse und den Zitronensaft gut mischen. Die Mayonnaise hinzugeben, nochmals vermengen und auf grünem Salat servieren.

Zubereitungszeit: ca. 15 Minuten

Chicoréesalat

Eiweiß

Zutaten:
4 Chicorée
2 Mandarinen
2 EL Öl, kaltgepreßt
Saft einer halben Zitrone
Thymian
Kräutersalz

Den Chicorée in feine Scheiben schneiden und gut waschen. Die Mandarinen in Stücke schneiden und zu den Chicoréescheiben geben. Aus dem Öl, dem Zitronensaft und den Gewürzen eine Soße herstellen und mit dem Salat vermischen.

Zubereitungszeit: ca. 15 Minuten

Waldorf-Salat

Eiweiß

Zutaten:
200 g Sellerie
2 säuerliche Äpfel
Saft einer Zitrone
4 EL süße Sahne, steifgeschlagen
1 Becher saure Sahne
Vollmeersalz
50 g gehackte Walnüsse

Den Sellerie und die Äpfel in feine Streifen schneiden, mit dem Zitronensaft beträufeln und vermischen. Aus den restlichen Zutaten eine Soße herstellen, abschmecken und mit dem Salat vermischen. Mit den gehackten Walnüssen garnieren.

Zubereitungszeit: ca. 15 Minuten

Rote-Bete-Salat

Eiweiß

Zutaten:
2 kleine Rote Bete, gerieben
Saft einer Zitrone
Saft einer Orange
1 säuerlicher Apfel, gewürfelt
1 Zwiebel, gewürfelt
3 EL Öl, kaltgepreßt
1 TL Honig
1/2 TL Koriander
Vollmeersalz

Die geriebene Rote Bete mit dem Zitronen- und Orangensaft beträufeln. Den Apfel und die Zwiebelwürfel hinzugeben und gut miteinander vermischen. Aus den restlichen Zutaten eine Soße herstellen und mit dem Salat vermengen.

Zubereitungszeit: ca. 15 Minuten

Selleriesalat

Eiweiß

Zutaten:
1 große Sellerie, roh, geraspelt
2 Äpfel, geraspelt
Saft einer 1/2 Zitrone
1 Becher saure Sahne
50 g gemahlene Haselnüsse
Vollmeersalz
Kräutersalz

Den geraspelten Sellerie und die Äpfel sofort mit dem Zitronensaft beträufeln (damit der Sellerie nicht braun wird). Die saure Sahne, die Gewürze und die gemahlenen Nüsse hinzugeben und gut vermengen.

Zubereitungszeit: ca. 15 Minuten

Italienischer Lachssalat

Eiweiß

Zutaten:
400 g Lauch (nur weißer Teil)
400 g geräucherter Lachs
1 Zitrone
125 g Mayonnaise (selbstgemacht oder gekauft)
einige Salatblätter
Kräutersalz, Petersilie

Lauchstangen in dünne Ringe schneiden, gut waschen und abtropfen lassen. Den Lachs in feine Würfel schneiden und mit der ausgedrückten Zitrone beträufeln. Den Lauch mit dem Lachs und der Mayonnaise mischen, mit Salz und gehackter Petersilie abschmecken und portionsweise auf grünen Salatblättern anrichten.

Zubereitungszeit: ca. 25 Minuten

Waldorf-Astoria-Salat

Eiweiß

Zutaten:
500 g abgekochte, geschälte Sellerieknolle
2 süße Äpfel, geschält
250 g Hähnchenbrust, abgekocht
2 Orangen, filetiert
10 grob gehackte Walnüsse
2 cl Cognac
200 g Mayonnaise (gekauft oder selbstgemacht)
Kräutersalz, Streugewürz

Den Sellerie und die Äpfel in sehr feine Streifen schneiden. Die Hähnchenbrust in feine Würfel zerteilen und zu dem Sellerie geben. Die Walnüsse und die Orangenfilets, den Cognac und die Gewürze dazugeben und das Ganze mit der Mayonnaise vermischen. Den Salat gut 1 Std. gekühlt ziehen lassen.

Zubereitungszeit: ca. 30 Minuten
(s. Foto S. 161)

Weißkohlsalat

Eiweiß

Zutaten:
1 kleiner Weißkohlkopf, fein geraspelt
2 große Orangen (500 g) filetieren
2 EL Apfelsaft
1/8 l Gemüsebrühe
1 kl. Zwiebel, fein gehackt
1/2 TL Kümmel
3 EL Obstessig
2 EL Öl
Vollmeersalz
Petersilie, gehackt

Den geraspelten Weißkohl mit den Orangenspalten vermengen. Aus dem aufgefangenen Orangensaft und den restlichen Zutaten eine Soße herstellen und mit dem Weißkraut vermengen. Zum Schluß mit gehackter Petersilie garnieren.

Zubereitungszeit: ca. 15 Minuten

hinten links: Sellerie-Rohkost
hinten rechts: Möhren-Rohkost
vorne Mitte: verschiedene Blattsalate
vorne links: Salatsoße mit Tomatensaft
vorne rechts: helle Salatsoße

Zuckererbsensalat

Neutral

Zutaten:
1 kg Zuckererbsen
400 g Champignons
8 EL Sahne
2 TL Streugewürz
1 TL Kräutersalz
1 Zwiebel, gewürfelt
1 Bund Petersilie

Die Zuckererbsen in wenig Salzwasser weich kochen und in kaltem Wasser abschrecken. 8 EL von dem Kochwasser für das Dressing aufheben. Die Champignons waschen, in Scheiben schneiden und zu den abgeseihten Zuckererbsen geben. Aus den 8 EL Kochwasser und der Sahne sowie den Gewürzen und der Zwiebel ein Dressing herstellen und über die Zuckererbsen gießen. Kurz durchheben, mit gehackter Petersilie überstreuen und ziehen lassen.

Zubereitungszeit: ca. 25 Minuten

Zucchini-Melonen-Salat

Neutral

Zutaten:
400 g Zucchini
400 g Wassermelone, entkernt
2 EL Pflanzenöl
1 EL Apfelessig
1 Knoblauchzehe
Kräutersalz
etwas Wasser

Die Zucchini und die Melone in grobe Würfel schneiden. Aus den restlichen Zutaten ein Dressing herstellen und über die Zucchini-Melonen-Würfel gießen. Kurz durchmengen und etwas durchziehen lassen.

Zubereitungszeit: ca. 15 Minuten

Kohlrabisalat, roh

Neutral

Zutaten:
2 mittelgroße Kohlrabi, fein geraspelt
100 g süße Sahne
100 g saure Sahne
1 EL Öl
Kräutersalz
50 g gehackte Walnüsse

Eine Soße aus der süßen und sauren Sahne, dem Öl und dem Kräutersalz herstellen und mit dem geraspelten Kohlrabi vermengen. Zum Schluß mit den gehackten Walnüssen garnieren.

Zubereitungszeit: ca. 15 Minuten

Gefüllte Sellerie

Eiweiß

Zutaten:
600 g Sellerie, gekocht und geschält
1 Zitrone
150 g abgekochtes Geflügelfleisch
1/4 Salatgurke, kleingehackt
1 süßer Apfel, gerieben
1 TL Kapern
150 g Mayonnaise
Kräutersalz, Paprika, Cognac nach Belieben
Petersilie

Den Sellerie halbieren, aushöhlen und mit dem Saft der Zitrone beträufeln. Das Geflügelfleisch in feine Würfel schneiden. Die zerkleinerte Salatgurke, den Apfel und die Kapern dem Geflügelfleisch dazugeben, ebenso das ausgehöhlte, zerkleinerte Selleriefleisch. Alles mit der Mayonnaise und den Gewürzen vermischen und in die halbierten Sellerieknollen füllen. Mit der gehackten Petersilie bestreuen.

Zubereitungszeit: ca. 35 Minuten

Amerikanischer Karottensalat

Eiweiß

Zutaten:
250 g Karotten
50 g geraspelte Kokosnuß
50 g kleingeschn. magerer Rinderschinken
Saft von 2 Orangen
geriebene Schale von 1 Orange
125 g Mayonnaise (selbstgemacht oder gekauft)
Kräutersalz, Streugewürz

Die Karotten roh zu Mus reiben, die Kokosraspeln, den Schinken, den Orangensaft und die Orangenschale dazugeben. Mit der Mayonnaise vermischen und mit den Gewürzen abschmecken.

Zubereitungszeit: ca. 15 Minuten

Brotaufstriche

Kräuterbutter

Neutral

Zutaten:
150 g Butter
2 cl Tomatensaft
Kräutersalz, Paprika
verschiedene Kräuter, gehackt

Den Tomatensaft mit dem Schneebesen unter die weiche Butter schlagen. Mit Salz, Paprika und den Kräutern würzen und nochmals mit dem Schneebesen gut verrühren. Mit dem Spritzbeutel Rosetten auf einen Teller spritzen und zum weiteren Verbrauch kühl stellen.

Zubereitungszeit: ca. 15 Minuten

Schafskäseaufstrich

Neutral

Zutaten:
100 g Schafskäse, 60% Fett i. Tr.
100 g Butter
Kräuter, gehackt
Knoblauch, zerdrückt

Den Schafskäse fein zerreiben und mit den anderen Zutaten gut verrühren. Mit dem Spritzbeutel Rosetten spritzen und kühlen.

Zubereitungszeit: ca. 10 Minuten

Eibutter

Neutral

Zutaten:
150 g Butter
4 Eigelb, gekocht
Kräuter, gehackt
Kräutersalz, Streuwürze

Das Eigelb zerdrücken und mit den restlichen Zutaten gut verrühren. Mit dem Spritzbeutel Rosetten spritzen und kühl stellen.

Zubereitungszeit: ca. 10 Minuten

Tomatenbutter

Neutral

Zutaten:
1 große Tomate, geschält
½ Zwiebel, gewürfelt
1 Knoblauchzehe, zerdrückt
1 TL Tomatenmark
200 g Butter
Kräutersalz, Liebstöckel

Die Tomate mit der Zwiebel und dem Knoblauch pürieren. Das Tomatenmark und die Butter sowie das Kräutersalz und den Liebstöckel hinzufügen. Alles gut verrühren und kühl stellen.

Zubereitungszeit: ca. 15 Minuten

Schimmelkäsecreme

Neutral

Zutaten:
100 g Schimmelkäse, ab 60% Fett i. Tr.
200 g Quark, 20% Fett
2 EL Magerjoghurt
Basilikum, gehackt

Den Schimmelkäse zerdrücken und mit den restlichen Zutaten gut verrühren.

Zubereitungszeit: ca. 10 Minuten

Avocadoaufstrich

Neutral

Zutaten:
1 Avocado
1 Zwiebel, gewürfelt
100 g Frischkäse
Kräutersalz, Basilikum

Die Avocado zurechtschneiden und pürieren. Die restlichen Zutaten darunterrühren und kühl stellen.

Zubereitungszeit: ca. 15 Minuten

Brotaufstrich für Leckermäulchen

Kohlenhydrate

Zutaten:
100 g Hafer
100 g Haselnüsse, fein gemahlen
50 g Butter
50 ml Wasser
100 g Honig
1 EL Carobpulver
1 Prise Vanillepulver

Den Hafer in einer beschichteten Pfanne rösten und anschließend fein mahlen. Die Butter mit dem Wasser und dem Honig schaumig rühren. Dann die restlichen Zutaten zugeben und gut verrühren. Der Aufstrich kann in Schraubgläsern im Kühlschrank bis zu 14 Tage aufbewahrt werden.

Zubereitungszeit: ca. 20 Minuten

Liptauer Käse

Neutral

Zutaten:
150 g Butter
250 g Quark
1 Zwiebel, gewürfelt
1 EL Kapern
Kümmel, Kräutersalz
Paprika

Die Butter und den Quark cremig rühren. Die restlichen Zutaten hinzugeben und gut verrühren.

Zubereitungszeit: ca. 10 Minuten

Obaztda

Neutral

Zutaten:
250 g reifen Camembert
75 g weiche Butter
1 kl. Zwiebel, fein gehackt
2 EL Bier
1 TL Paprika
1 Eigelb
Kräutersalz, Streuwürze

Den Camembert zerdrücken und mit den restlichen Zutaten gut verrühren.

Zubereitungszeit: ca. 10 Minuten

Müslivariationen

Quarkmüsli

Neutral

1 EL Sahnequark mit etwas Wasser verrühren und mit einem geriebenen Apfel, 1 TL Weizenkeimen, 1 TL Weizenkleie sowie 1 TL frischgemahlenem Leinsamen mischen.
Weizenkleie und Leinsamen sollten aus kontrolliert-biologischem Anbau stammen, da sie sonst sowohl stark schwermetall- als auch pestizidbelastet sein können.

Ein Müsli muß nicht unbedingt am Morgen gegessen werden. Morgens ist es empfehlenswert, nur Obst zu sich zu nehmen. Milch ist in jeder gesäuerten Form bekömmlich und gut verwendbar.

Haferflockenbrei (Porridge)

Kohlenhydrate

Wasser mit etwas Salz erhitzen und soviel Haferflocken einrühren, bis ein dünner Brei entsteht; kurz aufkochen und 2–3 Minuten bei kleiner Flamme ziehen lassen, mit etwas Honig süßen und mit Schlagsahne servieren.

Haferbrei ist bei Magen-Darmbeschwerden sehr zu empfehlen. In dem Fall den Hafer zu flockigem Mehl mahlen.

Müsli nach Dr. Budwig

Neutral

2 EL gemahlenen Leinsamen und 4 EL Buttermilch mit kleingeschnittenem Obst vermengen. 100 g Quark, 2 EL Buttermilch, 1 EL kaltgeschleuderten Honig und 2 EL kaltgeschlagenes Leinöl mixen und über die Masse geben und mit Hasel- oder Walnüssen bestreuen. Dies Müsli ist besonders eiweißhaltig und an fleisch- bzw. fischlosen Tagen zu empfehlen. Zu Leinsamen immer reichlich Flüssigkeit zu sich nehmen.

Kräuterfrischkornmüsli

Kohlenhydrate

100 g Quark (20%), 1 TL Sonnenblumenöl und 4 EL saure Sahne glattrühren. Etwas Kräutersalz, frische Kräuter (Petersilie, Estragon, Kerbel) und gut abgespülte und abgetropfte Weizenkeime darunterheben.

Frischkornmüsli

Kohlenhydrate

30–40 g frisch geschrotetes oder geflocktes Getreide, Weizen, Dinkel, Hafer, 1–3 Feigen oder Datteln und 5 g Sultaninen getrennt in Wasser ca. 5–10 Stunden einweichen. Danach alles mit 30–50 g geschlagener Sahne und 60 g Bananen oder Heidelbeeren vermischen.

Keimen von Getreide

Zum Keimen von Getreide und Samenkörnern ist ein kleiner Keimapparat sehr zu empfehlen. Meist hat dieser 3 Aufsätze. Man gibt in den unteren Aufsatz die größeren Körner, z. B. Getreide, in die oberen Samen von Senf, Bockshornklee, Luzerne oder Leinsamen.
Getreidekeime kann man zu Füllungen von Gemüse und Fleisch mischen oder zu Suppen und Salaten verwenden. Die Samenkeimlinge eignen sich besonders gut zum Mischen mit Salaten und zum Garnieren verschiedener Speisen. Keime von Senfkörnern sollte man sparsam verwenden, damit die Speisen nicht zu scharf werden.

2 EL Weizenkörner (ergeben 3 EL gekeimte) – von guter Qualität, keimfähig und nicht chemisch behandelt – waschen. In einer Schüssel mit der doppelten bis dreifachen Menge kalten Wassers etwa 10 Stunden quellen lassen. Einweichwasser (kann für Blumen verwendet werden) abgießen. Nicht gequollene Körner auslesen. Im Sieb Körner gründlich mit handwarmem Wasser abbrausen. Körner auflockern, Sieb auf eine flache Schüssel stellen, damit das Restwasser ablaufen kann. Unter Umständen mit durchlässigem Tuch oder Gaze abdecken. In Zimmertemperatur, 18–20 Grad, ohne direkte Sonnenbestrahlung Körner keimen lassen. 2–3mal täglich gründliches Überbrausen mit Auflockern. Nach etwa 2 Tagen, wenn die Keime ca. 2–3 mm gewachsen sind, Keimlinge gründlich abspülen und verwenden.

Ausführliche Hinweise zum Thema Keimen finden Sie in: Evers, J.: Warum Evers-Diät? Die Ernährung des Gesunden und Kranken. Karl F. Haug Verlag, Heidelberg.

Desserts

Zu den folgenden Desserts passen alle sauren Obstarten, die in der rechten Spalte der Klapptafel eingetragen sind.

Quark mit Kirschen

Eiweiß

Zutaten:
300 g Quark
100 ml Sahne
2 EL Birnendicksaft
300 g Kirschen, entkernt

Die Sahne steif schlagen und unter den Quark rühren. Den Birnendicksaft zu geben und verrühren. Zum Schluß die Kirschen unterheben. Diese Quarkspeise kann mit jedem sauren Obst hergestellt werden.

Zubereitungszeit: ca. 15 Minuten
(s. Foto S. 185)

Schlagrahmspeise

Eiweiß

Zutaten:
200 ml Sahne
100 g Joghurt
200 g Erdbeeren, püriert
einige Minzblätter

Die Sahne steif schlagen und mit dem Joghurt und den pürierten Erdbeeren gut verrühren. In Portionsschalen füllen, mit Minzblättern garnieren und servieren.

Zubereitungszeit: ca. 15 Minuten

Eis

Eiweiß

Zutaten:
250 ml Sahne
80 g Himbeeren, püriert
evtl. etwas Birnendicksaft

Die Sahne sehr steif schlagen und mit den pürierten Himbeeren verrühren. Bei Bedarf etwas mit Birnendicksaft süßen. Das Ganze in eine Gefrierschale füllen und in der Gefriertruhe einfrieren lassen.

Zubereitungszeit: ca. 15 Minuten

Orangenkörbchen

Eiweiß

Zutaten:
4 Orangen
2 Mandarinen
400 g körniger Frischkäse
100 g Mandeln
1 EL Birnendicksaft

Die oberen Drittel der Orangen abschneiden. Das Fruchtfleisch aushöhlen und zusammen mit dem Fleisch der Mandarinen kleinschneiden. Den Frischkäse mit den Mandeln und dem Birnendicksaft verrühren und das Fruchtfleisch unterheben. Die Orangen damit füllen und die Deckel aufsetzen.

Zubereitungszeit: ca. 15 Minuten

Quarkdessert

Eiweiß

Zutaten:
250 g Magerquark
100 ml Sahne
3 TL Birnendicksaft
200 g eingeweichte Trockenfrüchte

Den Quark mit der Sahne und dem Birnendicksaft gut verrühren, bis die Masse cremig ist. Die eingeweichten Trockenfrüchte dazugeben und gut unterheben. Den Quark in Portionsschalen füllen und mit einem Stück Obst garnieren.

Zubereitungszeit: ca. 15 Minuten

Obstdessert

Eiweiß

Zutaten:
500 g verschiedenes Obst
2 EL Birnendicksaft
1 Prise Kardamom
etwas Zitronensaft
200 ml Sahne
50 g Mandelstifte

Das Obst waschen, schälen und in Würfel schneiden. Mit Birnendicksaft, Kardamom und Zitronensaft abschmecken. Die Sahne steif schlagen und mit dem Obst vermengen. Das Ganze in Portionsschalen füllen und mit Mandelstiften garnieren.

Zubereitungszeit: ca. 20 Minuten
(s. Foto S. 185)

Bananenflambée

Kohlenhydrate

Zutaten:
3 EL Honig
4 Bananen
50 g Mandelblätter
40 g Butter
4 cl Cognac

Die Bananen schälen und der Länge nach halbieren. Den Honig in einer Pfanne langsam bräunen und die Bananenhälften darin kurz mitbräunen. Mit den Mandelblättern bestreuen und die Butter darübergeben. Wenn die Butter zergangen ist, den Cognac dazugeben und mit einem Streichholz anzünden. Das Ganze durch Schräghalten abbrennen lassen und servieren.

Zubereitungszeit: ca. 15 Minuten

Kohlenhydrate

Vanilleeis

Zutaten:
4 Eigelb
50 g Akazienhonig
500 ml Sahne
2 Vanilleschoten

Einen kleinen Teil der Sahne erwärmen und die aufgeschnittenen Vanilleschoten darin ausziehen lassen. Das Eigelb mit dem Honig schaumig schlagen, die erwärmte Sahne dazugeben und zuletzt vorsichtig die geschlagene Sahne unterheben. Eine längliche Kuchenform mit Klarsichtfolie auslegen und die Masse hineingeben. Das Ganze (am besten über Nacht) im Gefrierschrank gefrieren lassen und in Scheiben geschnitten servieren.

Zubereitungszeit: ca. 25 Minuten
(s. Foto S. 185)

Heidelbeerparfait (Halbgefrorenes) auf Fruchtspiegel

Kohlenhydrate

Zutaten:
4 Eigelb
3 EL Honig
300 ml Sahne
150 g Heidelbeeren

Fruchtspiegel:
100 g Heidelbeeren, püriert
30 g Schmand, mit 1 EL Honig verrührt

Das Eigelb mit dem Honig im Wasserbad cremig rühren. Die Sahne steif schlagen und mit der wieder kaltgeschlagenen Eigelb-Honigmasse sowie den Heidelbeeren gut vermischen. Eine Kastenform mit Wasser ausspülen und mit Klarsichtfolie auslegen. Die Masse darin einfüllen und über Nacht im Gefrierschrank gefrieren lassen.
Aus den beiden Soßen einen gefälligen Spiegel zaubern und das Parfait darauf anrichten.

Zubereitungszeit: ca. 40 Minuten
(s. Foto S. 185)

Reis nach Trautmannsdorf

Kohlenhydrate

Zutaten:
100 g Vollkornreis
2 EL Honig
1 cl Rum
150 ml Schlagsahne
2 Bananen, zerdrückt

Den Reis in Wasser aufkochen und ausquellen lassen. Den abgekühlten Reis mit Honig, Rum, Bananen und Schlagsahne vermischen und in Portionsschälchen füllen.

Zubereitungszeit: ca. 40 Minuten

Heidelbeeren mit Schlagsahne

Kohlenhydrate

Zutaten:
400 g Heidelbeeren
200 ml Sahne
2 EL Honig

Die Heidelbeeren mit dem Honig vermischen und durchziehen lassen. Dann in Portionsschalen abfüllen und mit geschlagener Sahne anrichten.

Zubereitungszeit: ca. 15 Minuten

Gebratene Äpfel

Eiweiß

Zutaten:
4 Äpfel
100 g Haselnüsse, gemahlen
1 EL Honig
50 g eingeweichte Rosinen
40 g Butter

Die Äpfel waschen und mit einem Ausstecher vom Kerngehäuse befreien. Die Haselnüsse mit dem Honig und den eingeweichten Rosinen vermengen und in die Äpfel füllen. Dann die Äpfel in eine feuerfeste Form geben, mit Butter belegen und im Backofen ca. 25 Min. bei 160 °C backen.

Zubereitungszeit: ca. 35 Minuten

Pfirsich-Joghurt-Dessert

Eiweiß

Zutaten:
4 Pfirsiche
200 g Naturjoghurt
2 TL Birnendicksaft
etwas Sahne
Zimt

Die Pfirsiche waschen, entkernen und in einem Mixer pürieren. Die Pfirsichmasse unter den Joghurt mischen und mit dem Birnendicksaft abschmecken. Mit einem Sahnetupfer und Zimt servieren.

Zubereitungszeit: ca. 15 Minuten

Vanillecreme

Kohlenhydrate

Zutaten:
500 ml Sahne
1 Vanilleschote
4 Eigelb
1 EL Honig
3 Blatt Gelatine
Heidelbeeren zum Garnieren

Einen kleinen Teil der Sahne kurz erwärmen und die aufgeschnittene Vanilleschote darin ausziehen lassen. Das Eigelb mit dem Honig schaumig schlagen und die erwärmte Sahne hinzufügen. Die eingeweichte aufgelöste Gelatine hinzugeben und zuletzt die restliche steif geschlagene Sahne unterheben. Die Creme in Glasschälchen füllen und im Kühlschrank auskühlen lassen. Vor dem Servieren mit Heidelbeeren garnieren.

Zubereitungszeit: ca. 30 Minuten
(s. Foto S. 185)

Quark mit Rosinen

Kohlenhydrate

Zutaten:
250 g Quark
100 ml Sahne
50 g Haselnüsse, gemahlen
2 EL Honig
80 g Sultaninen, eingeweicht
einige Minzblätter

Die Sahne steif schlagen und mit dem Quark und dem Honig verrühren. Dann die Haselnüsse und die Sultaninen dazugeben und nochmals vermischen. In Portionsschalen füllen und mit je einem Minzblatt garnieren.

Zubereitungszeit: ca. 15 Minuten

Mitte: Obstdessert
hinten links: Quark mit Kirschen
hinten rechts: Hirsecreme
links und rechts außen: Vanillecreme
vorne links: Heidelbeerparfait auf Fruchtspiegel
vorne rechts: Vanilleeis

Bananenschnee

Kohlenhydrate

Zutaten:
1 kg Bananen
250 ml Sahne
½ TL Vanillepulver
50 g geriebene Mandeln

Die Bananen schälen und pürieren. Die Sahne steif schlagen und mit dem Vanillepulver und den pürierten Bananen vermengen. Den Bananenschnee in Portionsschalen füllen und mit den Mandeln garnieren. Sofort servieren.

Zubereitungszeit: ca. 15 Minuten

Hirsecreme

Kohlenhydrate

Zutaten:
130 g Hirse
70 g Honig
80 g Haselnüsse
1 TL Zimt
250 ml Sahne

Die Hirse in 300 ml Wasser unter Rühren ca. 5 Min. kochen lassen. Den Honig, die Haselnüsse und den Zimt dazugeben. Unter Rühren – wegen der Hautbildung – abkühlen lassen. Die Sahne steif schlagen und unter die Hirse heben. Das Ganze in Portionsschalen abfüllen und servieren.

Zubereitungszeit: ca. 20 Minuten
(s. Foto S. 185)

Gebratene Banane

Kohlenhydrate

Zutaten:
4 Bananen
40 g Butter
80 g Mandeln, gehackt

Die Bananen schälen und der Länge nach teilen. Die Butter in einer Pfanne zerlassen und die Bananen darin goldbraun braten. Die Bananen auf einem Teller anrichten und mit den Mandeln bestreuen.

Zubereitungszeit: ca. 15 Minuten

Trennkost bei Diabetes

Viele Menschen leiden an Schwächezuständen und Schwindelanfällen. Schon bei diesen Zuständen sollten die Blutzuckerwerte bestimmt werden, um eine Blutzuckerstoffwechselstörung auszuschließen. Denn außer den 1,3 Millionen Fällen erkannter Diabetiker soll es laut Bundesstatistik über 1 Million unerkannter Fälle geben.

Wir zitieren den Diabetologen Jahnke:

„Es ist besonders bemerkenswert, daß in unserer Zeit der großartigen Fortschritte medikamentöser Behandlung die Bedeutung der Diätbehandlung sozusagen wiederentdeckt werden mußte.

Der ungünstige, zu vorzeitigen und fortschreitenden Gefäßkrankheiten führende Verlauf des Diabetes kann durch eine rechtzeitige konsequente Behandlung aufgehalten werden. Hierzu gehört die Stabilisierung des diabetischen Stoffwechsels, für die eine zweckmäßige Diät unentbehrlich ist. Das Ziel der modernen Behandlung des Erwachsenen-Diabetes ist aber keineswegs nur die dauerhafte Senkung des erhöhten Blutzuckergehaltes zu annähernd normalen Werten und die Beseitigung der Harnzuckerausscheidung. Alle Kenner des Diabetes sind sich vielmehr darin einig, daß die Normalisierung des erhöhten Blutfettgehaltes und die Beseitigung der Fettleibigkeit ebenso wichtig, gewöhnlich sogar erst die entscheidende Voraussetzung der dauerhaften Senkung erhöhter Blutzuckerwerte ist. Dies ist vorerst nur mit einer zweckmäßigen Diät zu erreichen. Die Diät rückt damit wieder an die erste Stelle der Behandlung des Erwachsenen-Diabetes. Sie kann häufig zu einer Beschränkung der Behandlung mit blutzuckersenkenden Medikamenten führen und ihre kritisch zu beurteilende Wirkung in vielen Fällen sogar unnötig machen."

Die Vollwert-Trennkost gibt uns die Möglichkeit, diese Ziele zu erreichen.

Forscher der Universität Bloemfontein in Südafrika haben an 30 übergewichtigen Frauen mit erhöhtem Blutinsulinspiegel die erste Langzeitstudie mit einer Art Trennkost durchgeführt. Die Frauen haben über 12 Wochen lang eine energiereduzierte, etwa isokalorische Diät mit rund 5000 kJ mit 50 Energieprozent Kohlenhydraten, 20 Energieprozent Eiweiß und 30 Energieprozent Fett verzehrt. Der einzige Unterschied war, daß die Hälfte der Versuchspersonen kohlenhydratreiche und eiweißreiche Lebensmittel möglichst zu verschiedenen Tageszeiten verspeiste, und daß sie nur Kohlenhydratträger mit einer niedrigen Insulinwirksamkeit wie z. B. Linsen, Nudeln, Porridge und Vollkornreis verwandten. Nach einer 12 Wochen dauernden Phase ohne Diät wechselten 16 weibliche Versuchspersonen für weitere 12 Wochen zur jeweils anderen Diät über (cross over). Wie erwartet verloren beide Gruppen an Gewicht und die Nüchtern-

Insulinwerte im Blut sanken. Allerdings waren die Effekte bei „Trennkost" deutlich besser: Ein um durchschnittlich 1,93 kg höherer Gewichtsverlust und ein signifikant stärkerer Abfall beim Nüchtern-Insulin (von 186 ± 65 pmol/l auf 94 ± 62 pmol/l) anstelle von 182 ± 81 auf 161 ± 66 pmol/l. Die Ergebnisse konnten im cross over, beim gegenseitigen Wechsel in die andere Versuchsgruppe bestätigt werden. Die C-Peptidkonzentration war hingegen nicht verändert. C-Peptid, ein „Überbleibsel" der körpereigenen Insulinsynthese wird in gleicher Menge wie Insulin ausgeschüttet, jedoch nur in geringerem Umfang von der Leber aus dem Blut gefiltert. Unveränderte C-Peptid-Werte deuten darauf hin, daß zwar weiterhin zuviel Insulin in der Bauchspeicheldrüse gebildet wird, der Insulinabbau in der Leber jedoch erhöht ist. Der Mechanismus dafür ist noch unklar.

„Trennkost" unter Bevorzugung komplexer Kohlenhydrate könnte demnach helfen, erhöhte Nüchtern-Insulin-Werte zu senken. Durch „Trennkost" erreichen übergewichtige Frauen eine stärkere Gewichtsabnahme als bei einer Kost, bei der die Trennung nicht stattfindet.

Durch die Trennung von überwiegend eiweißhaltigen und kohlenhydrathaltigen Lebensmitteln bei der Auswahl der Mahlzeit, ergänzt durch einen hohen Anteil an Salaten und Gemüsen, kommt es weder zu einer Überernährung noch Unterernährung, sondern zu einer Beseitigung des Über- oder Untergewichtes.

Der Diabetes wird leichter einstellbar, es entsteht allmählich eine größere Kohlenhydrattoleranz. Der Patient kann die Insulingaben nach und nach reduzieren, weil Blutzucker und Harnzucker allmählich sinken. Deshalb sind zunächst bei der Umstellung vermehrte Blutzuckerkontrollen wöchentlich erforderlich. Bei Patienten, die kein Insulin spritzen, normalisiert sich der Blutzucker durch Trennkost natürlich schneller.

Für die Diabetiker ist wichtig zu wissen, daß die Trennung sowohl für Kinder als auch für Erwachsene leicht durchführbar ist.

Wenn ein Diabetiker die genannten Richtlinien beachtet, wird sich der Zuckerhaushalt hervorragend regulieren.

Viele Diabetiker sind übergewichtig. In diesen Fällen muß die Kost wesentlich weniger als die im Tagesbeispiel genannten 2000 kcal Energie enthalten.

Nicht selten läßt sich allein durch eine entscheidende Gewichtsreduktion der gesamte Zuckerhaushalt normalisieren.

Selbst die regelmäßige Medikamenteneinnahme wird dann, gerade beim sogenannten „Alterszucker", oft überflüssig und der Patient wird eine enorme Leistungssteigerung sowie Wohlbefinden feststellen. Beim Typ-I-Diabetes (insulinpflichtig) wird durch Trennkost für Diabetiker der Insulinbedarf nicht selten sinken, die Insulintherapie ist jedoch weiter notwendig.

Achtung !

Grundsätzlich sollten Diabetiker eine ballaststoffreiche Kost zu sich nehmen. Weißbrot, Zucker und zuckerhaltige Lebensmittel gehören auf keinen Fall auf den Speiseplan.

Jeder Diabetiker sollte sich durch seinen Hausarzt und durch eine Diätassistentin beraten lassen. Er wird dann bald selbst seine Speisepläne zusammenstellen können.
Um der Übersäuerung entgegenzuwirken gilt auch für Diabetiker:

Mehrere fleischfreie Tage in der Woche einhalten.

Fleisch, Fisch, Geflügel sowie Eier enthalten viel tierisches Eiweiß, das wir gar nicht täglich benötigen, um uns gesund zu ernähren.
Denn wer sich vegetarisch ernährt, ist gesünder – das ist durch mehrere große Studien wissenschaftlich untermauert.

Austauschtabelle

BE *-Austauschtabelle für Diabetiker

Brot
1 BE ist enthalten in:

30 g Grahambrot
20 g Knäckebrot
35 g Leinsamenbrot
30 g Pumpernickel
30 g Roggenbrot/-brötchen
30 g Roggenmischbrot
35 g Roggenvollkornbrot
30 g Roggentoastbrot
25 g Weißbrot/-brötchen
30 g Weizenmischbrot
30 g Weizenvollkornbrot
25 g Weizentoastbrot
15 g Zwieback

Nährmittel
Körner
1 BE ist enthalten in:

20 g Gerstengraupen
(Gargewicht: 70 g)
20 g Grünkern
(Gargewicht 70 g)
20 g Hirse
(Gargewicht: 70 g)
20 g Mais
15 g Reis
(Gargewicht: 45 g)
20 g Roggen
20 g Weizen
45 g Weizenkeime
45 g Roggenkeime

Grieß/Grütze
1 BE ist enthalten in:

15 g Buchweizengrütze
15 g Gerstengrütze
20 g Haferflocken
20 g Hafergrütze
20 g Weizengrieß
20 g Weizengrütze

Mehl
1 BE ist enthalten in:

20 g Buchweizenmehl
15 g Grünkernmehl
20 g Hafermehl
20 g Maismehl
15 g Reismehl
20 g Roggenmehl/Roggenvollkornmehl
15 g Weizenmehl Typ 405
20 g Weizenvollkornmehl

* BE = Broteinheit

Stärke

15 g Kartoffelstärke
15 g Maisstärke
15 g Reisstärke
15 g Sago/Tapioka
15 g Weizenstärke
15 g Vanille-Puddingpulver
15 g Schokoladen-Puddingpulver

Verschiedenes

30 g Bierhefe
35 g Blätterteig, roh/Tiefkühlware
30 g Hefeteig/Pizzateig, roh
30 g Kartoffelchips
25 g Kartoffelsticks
15 g Kräcker, Salzstangen, Salzbrezel
15 g Paniermehl
15 g Cornflakes, ungezuckert

Portion bis je 20 g ohne BE-Anrechnung

Kakaopulver
Leinsamen
Sojamehl (vollfett)
Weizenkleie

Teigwaren
1 BE ist enthalten in:

20 g Nudeln, Glasnudeln (Gargewicht: 60 g)

Kartoffeln/-Produkte
1 BE ist enthalten in:

60 g	Salzkartoffeln	verzehrfertig
40 g	Pommes frites	verzehrfertig
70 g	Pariser Kartoffeln	verzehrfertig
80 g	Herzoginkartoffeln	verzehrfertig
70 g	Annakartoffeln	verzehrfertig
72 g	Macairekartoffeln	verzehrfertig
55 g	Berner Rösti	verzehrfertig
56 g	Bratkartoffeln	verzehrfertig
80 g	Baked Potatos	verzehrfertig

Milch-Produkte
1 BE ist enthalten in:

250 g (1/4 l) Milch, Dickmilch, Joghurt, Kefir, Buttermilch
250 g (1/4 l) Molke
90 g Kondensmilch – 4% Fett
130 g Kondensmilch – 7,5% Fett
100 g Kondensmilch – 10% Fett
20 g Magermilchpulver
30 g Vollmilchpulver

Gemüse
Kohlenhydratreiche Sorten

Hülsenfrüchte, trocken
1 BE ist enthalten in:

25 g Bohnen, alle Sorten (50 g gekocht)
20 g Erbsen, gelb/grün (40 g gekocht)
25 g Linsen (75 g gekocht)
25 g Kichererbsen (55 g gekocht)

Andere kohlenhydratreiche Gemüse
1 BE ist enthalten in:

170 g Dicke Bohnen
110 g Erbsen
70 g Mais
190 g Maiskolben
140 g Rote Bete

Kohlenhydratarme Sorten
Übliche Portionen bis ca. 200 g, auch mehrmals am Tag, sind ohne BE-Anrechnung.

Artischocke, Aubergine, Avocado (hoher Fettgehalt: 200 g enthalten

460 Kalorien), Bambussprossen, Bleichsellerie (Stauden-), Blumenkohl, grüne Bohnen, Bohnenkeimlinge, Brokkoli, Champignons, Chicorée, Chinakohl, Eisbergsalat, Endiviensalat, Feldsalat, Fenchel, Gurken, Grünkohl, Knollensellerie, Kohlrabi, Kopfsalat, Kürbis, Lauch (Porree), Mangold, Möhren (Karotten), Paprikaschote, Palmito, Pfifferling, Radicchio, Radieschen, Rettich, Rhabarber, Rosenkohl, Rotkohl, Sauerkraut, Schwarzwurzeln, Sojabohnen (hoher Eiweiß- und Fettgehalt: 200 g enthalten 710 Kalorien), Sojabohnenkeimlinge, Spargel, Spinat, Steinpilze, Stielmus, Tomate, Weißkohl, Wirsing, Zucchini, Zwiebeln

Gemüse, eingelegt

Gewürzgurken, Mixed Pickles, Tomatenpaprika, Zwiebeln, Oliven (hoher Fettgehalt: 200 g enthalten 260 Kalorien)

Obst
1 BE ist enthalten in:

90 g	Ananas
100 g	Äpfel
110 g	Äpfel, mit Schale
130 g	Apfelsine
180 g	Apfelsine, mit Schale
120 g	Aprikosen
130 g	Aprikosen, mit Stein
60 g	Banane
90 g	Banane, mit Schale
120 g	Birne
130 g	Birne, mit Schale
60 g	Blaubeeren
140 g	Brombeeren
90 g	Cherimoya/Ananonen
190 g	Erdbeeren
90 g	Feigen
70 g	Granatapfel
200 g	Granatapfel, mit Schale und Kernen
180 g	Guave
60 g	Hagebutten
210 g	Himbeeren
160 g	Holunderbeeren
100 g	Honigmelone
150 g	Johannisbeeren, rot
120 g	Johannisbeeren, schwarz
130 g	Johannisbeeren, weiß
80 g	Kakipflaume
150 g	Karambole/Sternfrucht
110 g	Kirsche, sauer
120 g	Kirsche, sauer, mit Stein
90 g	Kirsche, süß
100 g	Kirsche, süß, mit Stein
120 g	Kiwi
70 g	Kumquat
70 g	Litschi
120 g	Mandarinen
180 g	Mandarinen, mit Schale
90 g	Mango
80 g	Mirabellen
90 g	Mirabellen, mit Stein
100 g	Mispeln
150 g	Moosbeeren
100 g	Nektarinen
110 g	Nektarinen, mit Stein
170 g	Opuntie/Kaktusfrucht
130 g	Pampelmuse
200 g	Pampelmuse, mit Schale
	Papaya, 100 g ohne BE-Anrechnung
90 g	Passionsfrucht
140 g	Pfirsich
150 g	Pfirsich, mit Stein
100 g	Pflaumen
110 g	Pflaumen, mit Stein
220 g	Preiselbeeren
140 g	Quitten
90 g	Reineclauden
100 g	Reineclauden, mit Stein
230 g	Sanddornbeeren

120 g Stachelbeeren
130 g Tamarillo/Baumtomaten
160 g Wassermelone
260 g Wassermelone, mit Schale
70 g Weintrauben
150 g Zitrone

Obstsaft, naturrein
1 BE ist enthalten in:

100 g Apfelsaft
100 g Birnensaft
120 g Brombeersaft
160 g Erdbeersaft
140 g Grapefruitsaft
170 g Himbeersaft
160 g Holunderbeersaft
80 g Johannisbeersaft, rot
130 g Mandarinensaft
100 g Multivitaminsaft
110 g Orangensaft
80 g Pflaumensaft
Rhabarbersaft, bis 200 g ohne BE-Anrechnung
90 g Sauerkirschsaft
100 g Stachelbeersaft
70 g Traubensaft

Trockenobst
1 BE ist enthalten in:

20 g Apfel
20 g Aprikosen
15 g Banane
20 g Datteln
25 g Datteln, mit Stein
20 g Feigen
20 g Pfirsich
20 g Pflaumen
25 g Pflaumen, mit Stein
20 g Rosinen

Tagesbeispiel einer Diabeteskost 12 BE

1. Frühstück 3 BE
60 g Vollkornbrot 1 ½ Sch.
10 g Butter
20 g Pflanzenpastete
25 g Diab.-Marmelade

2. Frühstück 1 BE
100 g Apfel

Mittagessen 3 BE
200 g Tomaten in Scheiben, angemacht mit Wasser-Öl-Kräutermarinade

Vegetarischer Vollkornnudelauflauf
35 g Vollkornnudeln, roh
100 g Champignons, frisch
100 g Zucchini
10 g Reibekäse über 55% F. i. Tr.
1 kl. Zwiebel
1 TL Sonnenblumenöl
1 EL Sauerrahm

Dessert
90 g Banane mit Schale

Zwischenmahlzeit 1 BE
2 Sch. Knäckebrot
50 g Magerquark
10 g Diab.-Marmelade

Abendessen 3 BE
Griechischer Salat, Vollkornbrötchen, Tee
100 g Salatgurke
100 g Tomate
½ Paprikaschote
5 Oliven
50 g Kopfsalat
1 kl. Zwiebel
2 EL Sonnenblumenöl
Vollmeersalz, Kräuter
40 g Schafskäse
1½ Vollkornbrötchen

Spätmahlzeit 1 BE
¼ l Buttermilch

Tagesbeispiel einer Diabeteskost 15 BE

1. Frühstück 2 BE
1 Vollkornbrötchen
10 g Butter
30 g Rinderschinken
Kaffee oder Tee

2. Frühstück 2 BE
120 g Birne
20 g Knäckebrot
10 g Butter

Mittagessen 3 BE
150 g Blumenkohl-Kresse-Salat
250 g Spargel, frisch
10 g Butter
30 g roher Rinderschinken
130 g Kartoffeln

Dessert
160 g Wassermelone

Kaffeetrinken 2 BE
Kaffee
1 St. Diab.-Obstkuchen

Zwischenmahlzeit I BE
1 Becher Diabetikerfruchtjoghurt

Abendessen 3 BE
60 g Weizenvollkornbrot
10 g Butter
1 Tomate
1 Gewürzgurke
2 Sch. Rindersalami
1 Sch. Käse über 60% F. i. Tr.
¼ l Buttermilch

Spätmahlzeit 2 BE
200 ml Karottensaft
90 g Banane mit Schale

Tagesbeispiel einer Diabeteskost 18 BE

1. Frühstück 3½ BE Müsli

Müsli

50 g Magerquark
45 g Weizen, grob geschrotet und über Nacht eingeweicht
50 g Banane
5 g Rosinen

2. Frühstück 2 ½ BE

60 g Roggenvollkornbrot
10 g Butter
30 g Frischkäse, 60% F. i. Tr.
50 g frische Tomaten

Mittagessen 4½ BE

180 g Birne
100 g Ananas

Salat aus:
100 g Möhren
100 g Zucchini
50 g Paprika, angemacht mit
30 g saurer Sahne, etwas Zitronensaft, Salz

100 g Rinderbraten (Keule)
200 g Kohlrabischeiben, in 10 g Butter geschwenkt

Zwischenmahlzeit 2 ½ BE

60 g Grahambrot
10 g Butter
20 g Bündner Fleisch
50 g Magerquark, mit frischen Kräutern
100ml Kefir

Abendessen 3 BE

200 g Weißkohlsalat, mit Apfelessig und
10 g kaltgepreßtem Öl angemacht, Salz und Pfeffer
250 g Kartoffeln/Gemüseauflauf

Spätmahlzeit 2 BE

45 g Roggenvollkornbrot
10 g Butter
50 g Magerquark mit Kräutern
50 g Gurken

Sehr wichtig:

- **$^2/_3$ bis 80% Basenbildner (insbesondere Salate, Gemüse, Obst) und nur 20% bis $^1/_3$ Säurebildner**
- **viele kleine Mahlzeiten statt wenige üppige**
- **sich ballaststoffreich (faserstoffreich) ernähren – Salate, Gemüse, Obst**
- **Zucker, Honig, zuckerhaltige Nahrungsmittel sowie fruktosehaltige Diabetikerkuchen und -süßigkeiten gehören nicht auf den Speiseplan**
- **sich an den natürlichen Eigengeschmack der Lebensmittel gewöhnen**
- **nur in Ausnahmefällen mit Süßstoffen süßen. Süßstoffe sind rein chemisch hergestellt und zählen nicht zu den Lebensmitteln im Sinne von Prof. Kollath!**

Gesundheit bedeutet
frei sein
von leichter Ermüdbarkeit
von Krankheit
von Schwermut
und von allen Störungen

Hay

Erfahrungsberichte und medizinische Dokumentation der Heilungserfolge

Dr. Walb berichtet aus Klinik und Praxis

Fall 1 (Nierenentzündung): 1939 versuchte ich mit Saftfasten und Bircher-Ernährung eine Nephrose mit beginnender Schrumpfniere bei einem 9jährigen Jungen, dem Sohn einer meiner Freunde, zu heilen, was mißlang. Nach dem Saftfasten fiel zwar das Eiweiß, um aber bei Bircher-Vollkost sofort wieder anzusteigen.

Eine Saft-Fastenkur von mehr als 6 Wochen glaubte ich bei einem 9jährigen Jungen nicht verantworten zu können und übergab daher das Kind Prof. Volhard, der auf diesem Gebiet als Kapazität galt. Nach der Entfernung der Mandeln trat ebenfalls keine Besserung ein. Volhard hielt das Kind für verloren und machte einen letzten Versuch in Heluan (Ägypten). Das Kind erreichte aber durch die Hitze (vermehrtes Schwitzen) weder eine bessere Harnausscheidung, noch senkte sich das Eiweiß im Urin, im Gegenteil, es stieg auf 20 ‰ an, und im gleichen Maße sank die Harnausscheidung. Rinderserum und Glykokoll, die nach Heluan gesandt wurden, nahmen dem Kind völlig den Appetit und versagten in ihrer Wirkung.

1939 lernte meine Frau durch eine amerikanische Verwandte die Ernährung nach Howard Hay kennen. Hay begann infolge seiner eigenen Nierenerkrankung ein neues Denken über richtige Ernährung und heilte damit tatsächlich seine Brightsche Nierenerkrankung. Wir beschlossen, das inzwischen aus Ägypten zurückgekehrte Kind mit der Hayschen Trennkost zu behandeln.

Erstaunliches geschah: Die Urineiweißmenge fiel bereits nach der ersten Mahlzeit um die Hälfte. Danach fiel es langsamer, aber in dem Maße wie es fiel, stieg die Harnausscheidung ohne Zugabe auch nur eines einzigen Medikamentes an. Da die Ernährung nach Hay mit ihrem Reichtum an Obst und Gemüse im Kriege in Deutschland nicht durchführbar war, wurde der Junge nach Davos gegeben. Als auch Volhard einen Teil seiner Patienten in Davos nach meinen Angaben ernähren ließ, wurden die Devisen vom Reich genehmigt. Der Junge kehrte als 19jähriger guter Sportler und Skiläufer aus der Schweiz gesund in die Heimat zurück.

Dieser Fall zeigt augenscheinlich, daß Nierenkranke erfolgreich mit Trennkost behandelt werden können.

Um Mißverständnissen vorzubeugen, muß jedoch darauf hingewiesen werden, daß bei weit fortgeschrittenen Nierenfunktionsstörungen andere Maßnahmen erforderlich sind, die eine fachärztliche Behandlung erforderlich machen.

Pathophysiologische Untersuchungen der achtziger Jahre bestätigen eindrucksvoll, warum die Haysche Trennkost bei chronischen Nierenerkrankungen so erfolgreich ist:

Verschiedenste Schädigungen führen zu einer einförmigen Antwort der kleinsten Funktionseinheiten der Niere (Glomerula), zur Anpassung durch vermehrte Filtration. Diese führt, auch wenn der auslösende Faktor nicht weiter wirkt, längerfristig zur Einwanderung und zum Wachstum von Zellen mit dem Endstadium der Verkalkung (Glomerulosklerose). Durch eine eiweißreduzierte Diät (z. B. eiweißarme Modifikation der Trennkost) werden diese verstärkte Filtration und der Anpassungshochdruck vermindert, was zu einem langsameren Fortschreiten chronischer Nierenerkrankungen führt. Diese eiweißreduzierte Diät vermindert auch die Blutfettspiegel.

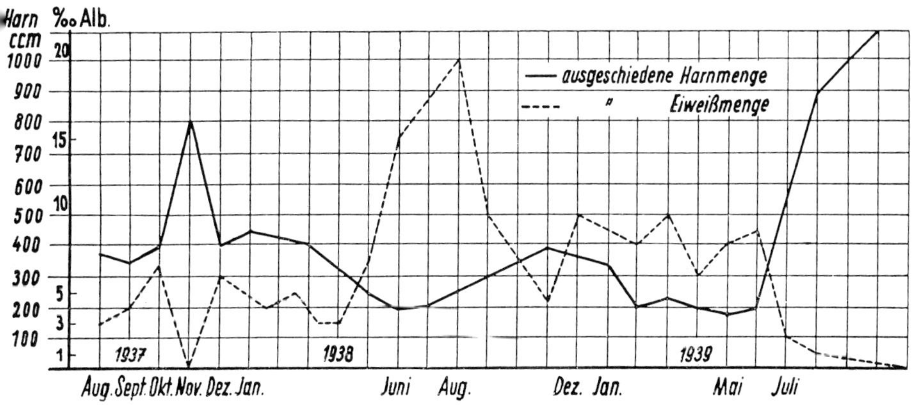

← Ägypten → ← Davos →

10täg. Säftediät nach BIRCHER-BENNER

tgl. Medikamente:
120—150 ccm *Liqu. Kal. acetici*
40 ccm *Rinderserum*
20 g *Glykokoll*

← Hay-Kost →

Abb. 1: Erläuterungen zu Fall 1

Fall 2: Frau K. aus M., Diabetikerin (48 J.), litt an einer Nierenentzündung, konnte ihre Hausarbeit nicht mehr verrichten, die Zehen nicht mehr abrollen; Beinschwellungen bis in Hüftgegend und Kreuz.

Nüchtern-Blutzucker: 280 mg%, Harnsäure 9,3 mg%, Cholesterin 356 mg%. Täglich 86 Einheiten Insulin. Direkte Umstellung auf Trennkost.

Bei der Entlassung aus meiner Klinik: Tägliche Insulingaben, nur noch 54 Einheiten, Nüchtern-Blutzucker 140 mg%, Harnsäure normalisiert, Blutfette ebenfalls, Gewichtsreduzierung 35 kg.

Fall 3: Pfarrer R. aus L. (45 J.) litt seit 8 Jahren nach einem Sprung über einen Graben an Fuß-, Knie-, Gelenk- und Kreuzschmerzen. Trotz klinischer Behandlung nahm die Gehbehinderung zu, er war berufsbehindert.

Er stellte seine Ernährung auf Trennkost um und bekam Elektroneuraltherapie.

Er war nach ½jähriger ambulanter Behandlung beschwerdefrei.

Fall 4: Frau D. aus G. (38 J.) war 5 Jahre zuvor bei einem Sturz auf das Steißbein gefallen, hatte seit dieser Zeit Schmerzen beim Stehen und Gehen und konnte nur einseitig sitzen. Behandlungen in 7 verschiedenen Fachkliniken hatten keine Linderung gebracht. Die Patientin konnte den Haushalt nicht mehr versorgen und ihre Ehe war gefährdet.

Nach 3monatiger Behandlung durch Elektroneuraltherapie und Ernährungsumstellung auf Trennkost wurde sie beschwerdefrei entlassen.

Fall 5: Frau N. aus S. (45 J.) kam nach beidseitiger Endoprothesen-Operation (künstliche Hüfte) wegen andauernder postoperativer Nervenschmerzen in meine Behandlung.

Sie hatte weder Halt noch Gefühl in den Beinen und konnte den Haushalt mit 3 Kindern nicht mehr versorgen.

Behandlung: Elektroneuraltherapie und Neuraltherapie nach Huneke. Ernährungsumstellung auf Trennkost.

Ergebnis der Behandlung: Völlige Beschwerde- und Schmerzfreiheit.

Fall 6: Herr D. aus B. (60 J.), Kraftfahrer, kam mit Kopf-, Glieder- und Rückenschmerzen in meine ambulante Behandung.

Er galt als Simulant und wurde arbeitsfähig geschrieben. Kuren und andere Therapien brachten keine Besserung.

Behandlung: Ernährungsumstellung auf Trennkost, Elektroneuraltherapie und Neuraltherapie nach Huneke.

Beschwerdefreiheit bis zu seiner Berentung mit 65 Jahren. Während er vorher als Simulant galt, war der Vertrauensarzt jetzt überzeugt, daß er kein Rentenjäger gewesen war.

Fall 7: Frau R. aus G., Lehrerin, litt an Polyarthritis. Jahrelang antirheumatische Therapie, auch mit Goldspritzen, in verschiedenen Kliniken brachte keine Linderung. Mit BSG von 45/60 und erheblich schmerzhaften Gelenkschwellungen kam die Patientin in meine ambulante Behandlung.

Therapie: Ernährungsumstellung auf Trennkost und Elektroneuraltherapie. Behandlungsergebnis nach 1/2 Jahr: Abschwellen aller Gelenke, Schmerzfreiheit. Sie konnte wieder Treppen steigen, ihren Beruf ausüben und Skilaufen. Kontrolle nach 2 Jahren: Befund gleichbleibend gut.

Fall 8: Ein 4jähriger Junge, K. aus H., mit bösartiger Schulterblattgeschwulst (Sarkom), operiert und bestrahlt, kam mit einem Rezidiv (Rückfall) in meine ambulante Behandlung. Die Eltern gaben ihm auf Anraten die Trennkost. Er erhielt ambulant in Abständen die Elektroneuraltherapie.

Das Rezidiv heilte ab. Der Junge nahm an Gewicht zu, entwickelte sich prächtig und war bei der letzten Kontrolle 6 Jahre rezidivfrei.

Fall 9: 62jährige Arztfrau, B. aus B., hat 1977 monatelang wegen Pankreatis (Bauchspeicheldrüsenentzündung) in einer Universitätsklinik gelegen und wurde ohne Hoffnung auf Besserung entlassen. Sie konnte weder ihren Haushalt versorgen noch in der Praxis ihres Mannes tätig sein.

Zwei Jahre später kam sie in meine ambulante Behandlung. Pathologisch waren das Ergebnis des Sekretintestes sowie das EKG. Es bestanden zusätzlich ein Lungenemphysem sowie Aortensklerose.

Das Elektroneural-Somatogramm ergab schlechte Werte. Ultraschall-Untersuchung: Verdacht auf chronische Pankreatis, Pankreas in allen Teilen vergrößert.

Therapie: Trennkost, Elektroneuraltherapie und unterstützende Maßnahmen. Ergebnis nach 1/2 Jahr: volle Leistungsfähigkeit. („Ich konnte wieder arbeiten wie eh und je.“)

Der folgende Leserbrief erschien auf eine Besprechung des Buches von Dr. Walb „Die Haysche Trennkost“ im „Industriekurier“ in Düsseldorf.

Als ein seit 6 Jahren von einem äußerst komplizierten Diabetes mellitus geplagter Patient, bei dem jeder Einstellungsversuch trotz wiederholter stationärer Behandlung fehlgeschlagen ist und der dadurch empfindliche berufliche Einbußen mit den begleitenden wirtschaftlichen Verlusten erlitten hat, stürzte ich mich begreiflicherweise mit Eifer auf Knoches Artikel (in Nr. 122, S. 12, v. 10. 8.1957 und Nr. 142, S. 13, v. 14. 9. 1957), beschaffte mir die darin angegebene Literatur, soweit nicht vergriffen, und begann mit der Trennkost Mitte Oktober. Nach etwa 4 Monaten möchte ich über meine Ärzte sprachlos machenden Erfolg berichten:

Blutzucker von rund 350 mg % auf 100 (normal 80–120); Harnzucker von 6 bis 8% und täglicher Ausscheidung bis 120 g = 30 bis 40% der KH-Zufuhr unter 1% bis 0; Harnmenge von 6 bis 7 Liter unter 2 Liter.

Gewichtszunahme wöchentlich 1 bis 2 Pfund,

das heißt also insgesamt 12 Pfund, vorangegangene Gewichtsabnahme 40 Pfund; die Erregungszustände bei Blutüberzucker, die mich zu Ekrasit und zum Schrecken meiner Umgebung machten und mir unendliche psychische Qualen verursachten, sind fast völlig entschwunden, mein Gemüt ist heiter und ausgeglichen, mein Humor ist wiedergekehrt, ich fühle Lebenslust, körperliche Wärme und Kraft sowie ein meine Jugendzeiten übersteigendes geistiges Leistungsvermögen. Medikamente: von täglich 50 Einheiten Alt-Insulin (Depot-Insuline waren sämtlich, auch das dänische Novolente, für mich unbrauchbar, weil sie zu schleichenden Dauerschocks führten) auf null oder 4 bis 8 Einheiten zu gelegentlicher Stützung, Nadisan-Tabletten auf 2 bis 3 von 3 bis 4, auch gelegentlich 5. Entzündung der Mundschleimhäute ist verschwunden, Sicht wieder (alters-) normal; ich bin 55. Verdauung normalisiert und ohne Purgationsmittel; Gasbauch, Oberbauch- und Leberbeschwerden verschwunden. Nahrungsmittelmengen unbegrenzt, aber statisch fixiert. Kohlenhydratezufuhr 350–500 KH täglich.

Quälender Hunger läßt aber nach und seit einigen Wochen komme ich tatsächlich mit 3 Mahlzeiten aus, wobei sich aber immer noch die Gewichtszunahme fortsetzt, was ja anhalten soll, bis sich das neue konstitutionell bedingte Gewicht einstellt. Eiweiß- und Fettzufuhr stellte sich auf die Riesenmenge von 200 bis 250 g täglich, sinkt jetzt aber auch ab. Mein Pankreon-Bedarf, weil gleichzeitig eine Pankreasinsuffizienz vorliegt, ist bereits um 30% gesunken. Im ganzen schmeckt mir

am besten ganz einfache Kost.

Ehemals ein großer Fleischesser, genügen mir jetzt einmal wöchentlich 150 g. Wurst esse ich überhaupt nicht mehr, habe dafür in meinem Trennkost-Plan auch gar keinen Raum mehr. Aber nun werde ich aufhören, sonst hält man mich für einen Dithyrambiker. Erwähnen möchte ich nur noch, daß ich, soweit möglich, den Harn täglich sammle und den Zuckergehalt mit Hilfe des ausgezeichneten englischen Präparates „Clinitest“ bestimmte, das in allen Apotheken erhältlich, leider auch ziemlich teuer ist, weil es ein deutsches Erzeugnis dieser Art noch nicht gibt. Ob ich den bisher als unheilbar geltenden Diabetes zur Ausheilung bringen werde, weiß ich nicht, obgleich der in mir vorgehende, fast revolutionäre Prozeß noch nicht abgeschlossen ist und daher mir selbst diese vermessene Hoffnung noch gestattet. Auf alle Fälle bleibe ich aber bei der Trennkost, und zwar nicht nur wegen der diabetischen Erfolge, sondern ebensosehr wegen des unglaublich gesteigerten allgemeinen Wohlbefindens. Ich kann mir durchaus denken, daß die Trennkost

die Ernährungsweise der Zukunft

werden kann, insbesondere für ältere Menschen, auch wenn sie noch „gesund" sind.

Die Diabetiker unter Ihren Lesern werden Ihnen dankbar sein, wenn Sie diese Zuschrift möglichst unverkürzt veröffentlichen; denn sie werden Legion sein.

Der Diabetes grassiert wie eine Volksseuche; beinahe monatlich offenbart sich mir ein Bekannter oder Verwandter als Neu-Diabetiker. Eine amtliche Statistik gibt es nicht, weil diese Krankheit nicht meldepflichtig ist. Vorsichtige und fundierte Schätzungen gehen auf 400 000 bis auf 500 000 im Bundesgebiet; über 10 000 in Westberlin und entsprechend viel in Ostberlin und in der Zone, obgleich dort die Ernährung weniger üppig als im Westen ist. (Übrigens war auch Nuschke Diabetiker und ist den normalen Diabetikertod gestorben, nämlich den Herztod.)

Und nun zum Wichtigsten: zum Dank an Sie und Dr. Knoche für die Publikation der Trennkost-Artikel, wofür es mir, wie Sie begreifen werden, an Worten, die mir sonst geläufig zu Gebote stehen, diesmal fehlt.

Man muß so schrecklich gelitten haben wie ich, um sich von meinen Gefühlen eine Vorstellung machen zu können. Seit Jahren nur noch in Gedanken an das „Suicidum" und nun: die Erde hat mich wieder! In Gedanken habe ich tausendmal diesen Brief an Sie geschrieben, wollte aber immer noch prüfen; denn ich bin selbstkritisches Arbeiten gewöhnt. Nun aber steht der Teilerfolg doch fest, und der ist so groß, daß ich bereit wäre, mich mit ihm zu begnügen. K. K., Berlin

Dieser Fall ist ein Beispiel für viele. Ein geschädigter Körper kann eine Mahlzeit, bestehend aus **einem** konzentrierten Nahrungsmittel leichter verdauen. Durch die erleichterte Verdauungsarbeit kann sich das erkrankte Organ erholen.

Einen auch für Laien nachvollziehbaren Beweis für die Richtigkeit der Hayschen Auffassung liefern vorzüglich die Nieren- und Zuckerkranken, deren Ausscheidungen Kontrollen unterliegen. Laborwerte ergaben in unserer Klinik eindeutige Behandlungserfolge.

Ergebnis einer wissenschaftlichen Prüfung der Trennkost:

1. Durch Trennkost verbessert sich die Verdauung der Nahrung (Zabel).
2. Die Trennkost entspricht dem biologischen Leberrhythmus, da mittags die Eiweißmahlzeiten und nachmittags die Kohlenhydratmahlzeiten empfohlen werden (Nobelpreisträger Forsgren).
3. Die Trennkost verhindert die schädliche Überpositivierung einer Mahlzeit. (Nach Hauswirth und Kracmar ergeben Kohlenhydrate und Eiweißstoffe jeweils für sich positive bioelektrische Potentiale. Mischt man Kohlenhydrate und Eiweißstoffe nun in einer Mahlzeit, so addieren sich diese Potentiale der beiden Nahrungsstoffe.)

Immer wieder bestätigte Vorzüge der Trennkost sind:

1. Trennkost bringt eine sehr gute Entwässerung und dadurch Entlastung von Nieren, Herz und Kreislauf.
2. Trennkost verstärkt die Wirkung von Herzmitteln und anderen Medikamenten, so daß man deren Dosis verringert kann.
3. Trennkost normalisiert das Gewicht.
4. Trennkost verringert die Ermüdung nach der Mahlzeit.
5. Trennkost erhöht die Leistungsfähigkeit der Sportler und verkürzt die Erholungsphasen.
6. Trennkost senkt erhöhte Blutfette.
7. Trennkost entsäuert die zumeist übersäuerten Menschen.
8. Trennkost ist eine hervorragende Möglichkeit von gewohnter Zivilisationskost auf gesunde Ernährung umzustellen. Sie ist leicht durchführbar, da sie nicht so viel verbietet wie andere Diäten.

Erläuterungen zum Elektroneural-Somatogramm nach Croon

Während das EKG (Elektrokardiogramm) einen Teilausschnitt des menschlichen Körpers (die elektrischen Vorgänge am Herzen) erfassen kann, gibt das Elektroneuralsomatogramm nach Croon einen Überblick über den gesamten Körper.

Die Elektroneuraldiagnostik und -therapie beruht auf der Messung von Hautwiderstand und -kapazität ganz bestimmter Punkte der Körperoberfläche, Reaktionsstellen nach Croon genannt. Ein Großteil dieser Reaktionsstellen entspricht Akupunkturpunkten. Bei der Therapie werden nur die Punkte behandelt, die außerhalb der Norm liegen.

Beim gesunden Menschen bewegen sich die Meßwerte in einem engen Meßbereich.

Diese Meßwerte werden auf einer Kurve automatisch aufgezeichnet. Man nennt diese Kurve Elektroneuralsomatogramm. Bei Erkrankungen ändern sich diese Meßwerte in typischer Weise. Mit Ausnahme von akuten Entzündungen und bei hohem Fieber kommt es im allgemeinen zu einem Anstieg des Ohmschen Widerstandes und zu einer Abnahme der Kapazität. Die Veränderung der Meßwerte bei Erkrankungen basiert auf einem Mikrolymphödem, was Brückle, Universitätsklinik Köln 1973, durch Kapillarmikroskopie an der Unterlippe nachgewiesen hat. Damit gehört die Elektroneuraltherapie nach Croon zu den tiefgreifend wirksamen Behandlungsmethoden, von deren Normalfunktion u. a. auch die Organzellen abhängig sind.

Zunächst wird ein Elektroneuralsomatogramm erstellt. In Abhängigkeit von den Werten im Somatogramm wird mit individuell genau dosiertem Reizstrom eine Änderung des elektrischen Widerstandes und der Kapazität in Richtung Norm bewirkt. Die Behandlung erfolgt gezielt, indem nur Reaktionsstellen mit erhöhtem Hautwiderstand und erniedrigter Kapazität behandelt werden. Die Behandlung wird exakt dosiert durch automatisches Abschalten des Therapiestromes bei Erreichen der Normwerte.

Selbstverständlich werden auch die üblichen Untersuchungsmethoden durchgeführt und weiterführende diagnostische Maßnahmen herangezogen. Durch mehrmalige Behandlungen, in der Regel 20–40 Sitzungen, können die Meßwerte an den Reaktionsstellen oft weitgehend normalisiert werden. Dadurch werden Heilungsvorgänge ausgelöst, der Körper wird wieder in die Lage versetzt, Krankheiten und Beschwerden zu überwinden, die bisher vielen Behandlungsversuchen trotzten. Klinisch geht mit der Normalisierung der Meßwerte in der Regel eine subjektive und objektive Besserung einher.

Nach jeweils 10 Behandlungen werden sämtliche 212 Reaktionsstellen erneut gemessen. Die Kontrolle zeigt, wie sich die Meßwerte verändert haben und welche Reaktionsstellen noch zu behandeln sind. Die Behandlungen erfolgen meist 2–6mal pro

Woche durch speziell geschulte Helferinnen. Die Interpretation des Elektroneuralsomatogramms obliegt dem erfahrenen Arzt, der daraus Hinweise auf die gesundheitliche Gesamtsituation, den Energiezustand, Herdbelastungen und Organerkrankungen entnehmen kann. Elektroneuraltherapie hat als Ganzheitsbehandlung gegenüber vielen anderen Methoden den entscheidenden Vorzug, daß ganz gezielt dosiert und behandelt werden kann. Die im Test auffälligen Schwachpunkte können darüber hinaus gezielt durch neuraltherapeutische Injektionen bzw. Akupunktur behandelt werden. Der Therapieerfolg ist durch die Messung objektiv kontrollierbar. Die Methode ist nicht invasiv und fast völlig nebenwirkungsfrei.

Durch die Elektroneuraltherapie werden erfolgreich behandelt: Wirbelsäulenleiden, Gelenkerkrankungen, rheumatische Erkrankungen, Neuralgien, Kopfschmerzen, Phantomschmerzen, körperlich-seelische Erschöpfungszustände (oft mit Depressionen einhergehend), Entwicklungshemmung im Kindesalter, multiple Sklerose, Allergien, Schlaganfälle und andere Lähmungserscheinungen, wenn sie bald danach behandelt werden.

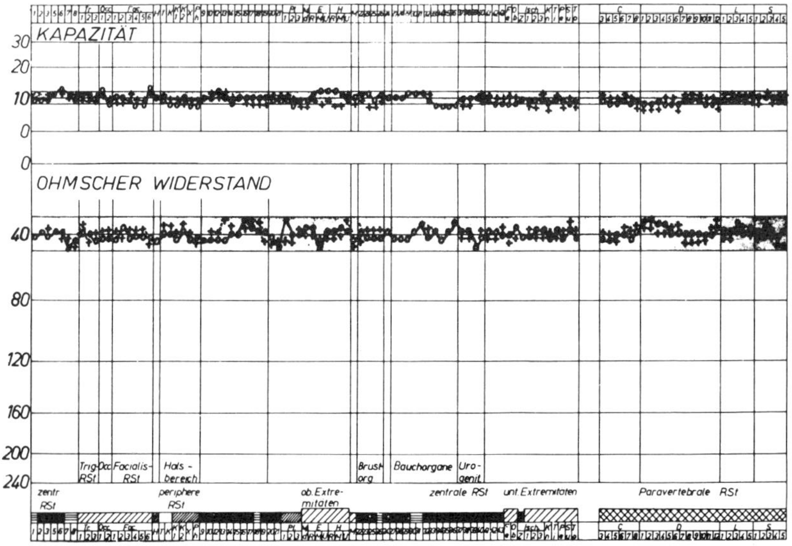

Abb. 2: Gesundes 12jähriges Mädchen. Alle Meßwerte liegen im Normalbereich. Bei krankhaften Geschehen ändern die Reaktionsstellen ihre elektrischen Werte.

Die Elektroneuraltherapie sollte nicht angewandt werden bei akuten Entzündungen, blutenden Magengeschwüren und hochfieberhaften Erkrankungen.

In jedem Fall lohnt sich ein Versuch mit der Elektroneuraltherapie nach Croon, ehe man aufgibt, weil mit den üblichen Methoden nichts zu erreichen war. Da das Somatogramm dem Arzt Hinweise auf Herde und Störfelder schon im Frühstadium zu erkennen gibt, hat er die Möglichkeit, noch andere therapeutische Maßnahmen mit größeren Erfolgsmöglichkeiten gezielt anzuwenden.

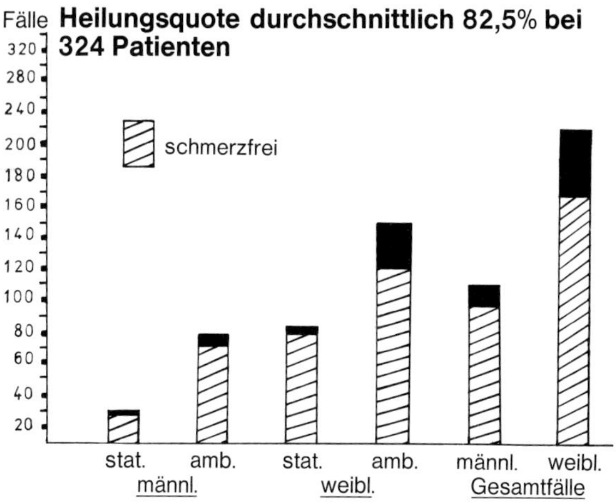

Abb. 3: Schmerzlinderung bei LWS-Syndrom mit Elektroneuraldiagnostik und -therapie nach Dr. Croon.

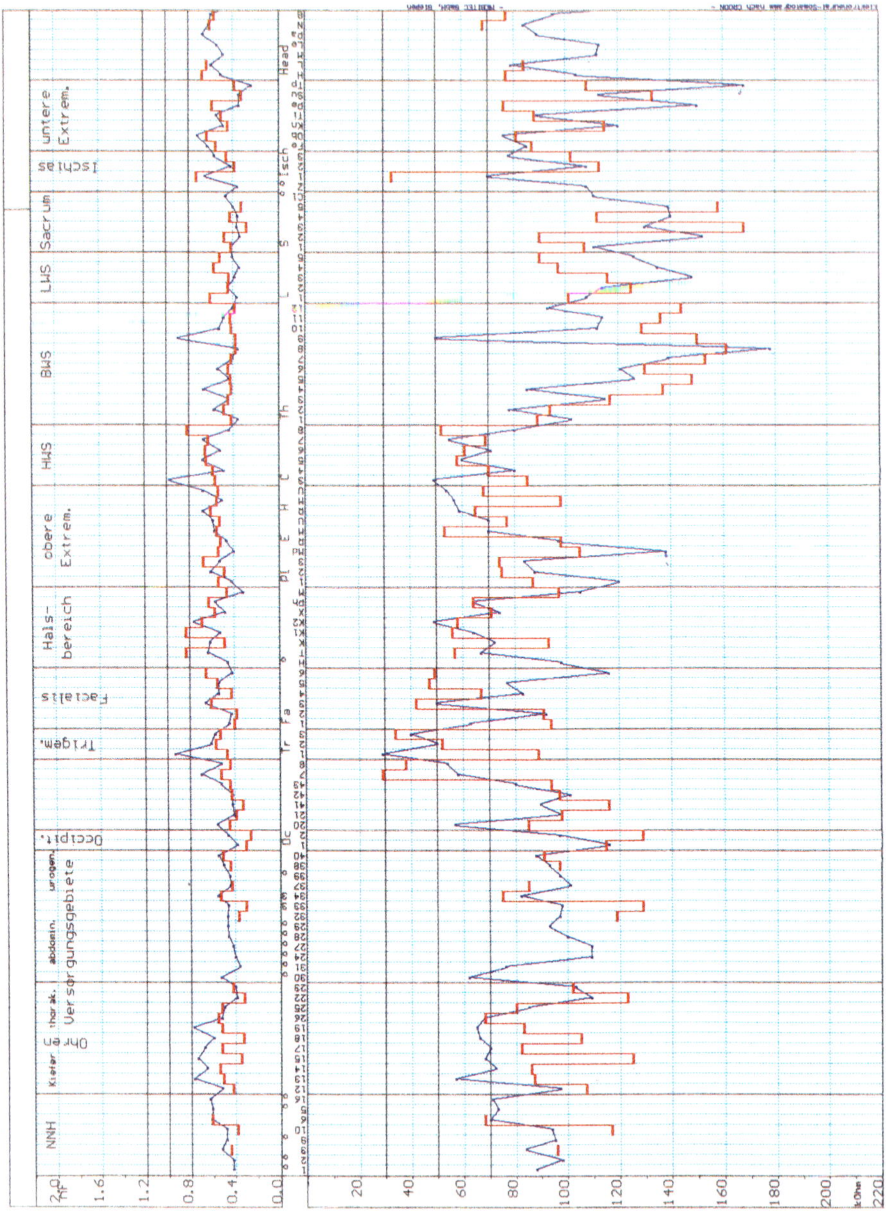

Frau K. E., geb. 1938: Vielfältige Allergien, Darmpilzerkrankung, Verdacht auf Durchblutungsstörung des Herzens, Wirbelsäulen- und Gelenkverschleiß.
Abb. 4: Test vom 4.1.1996

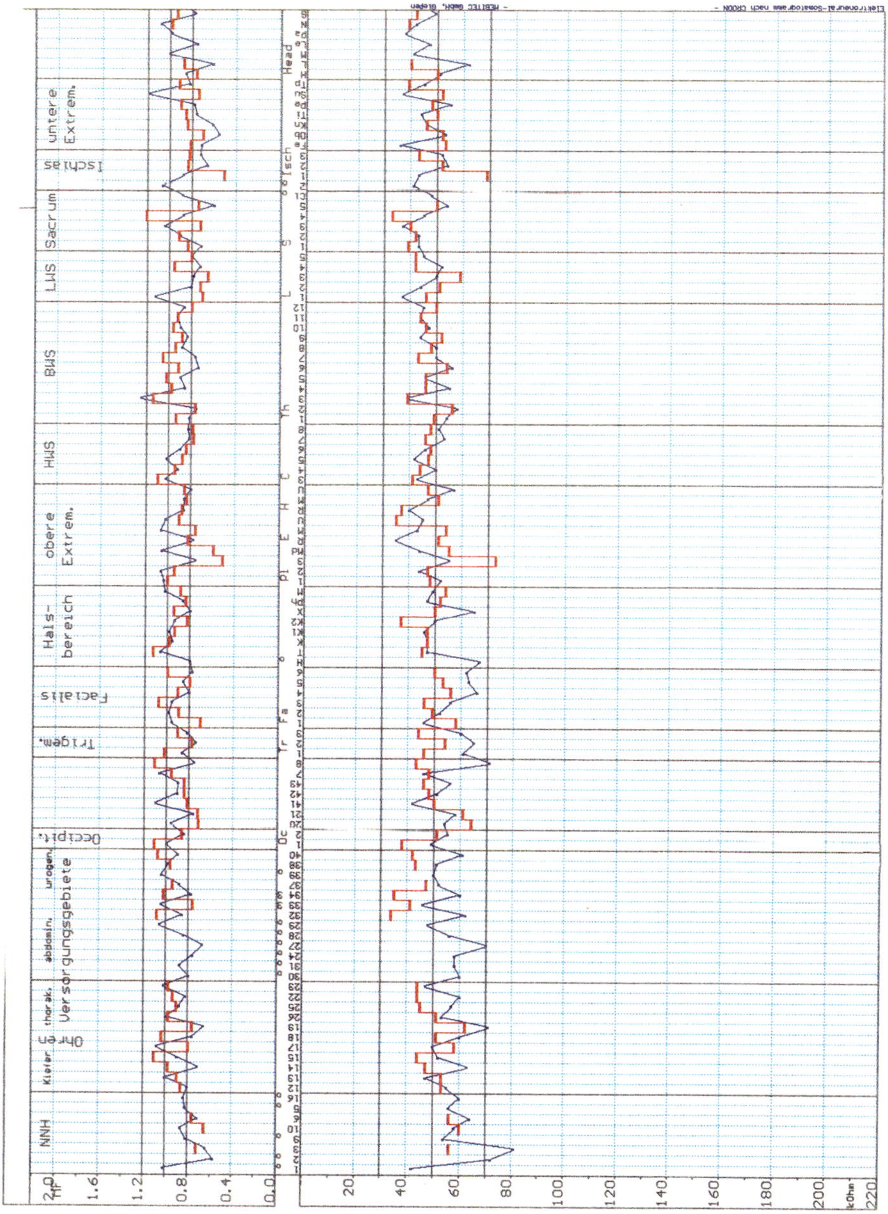

Abb. 5: Test vom 7.2.1996

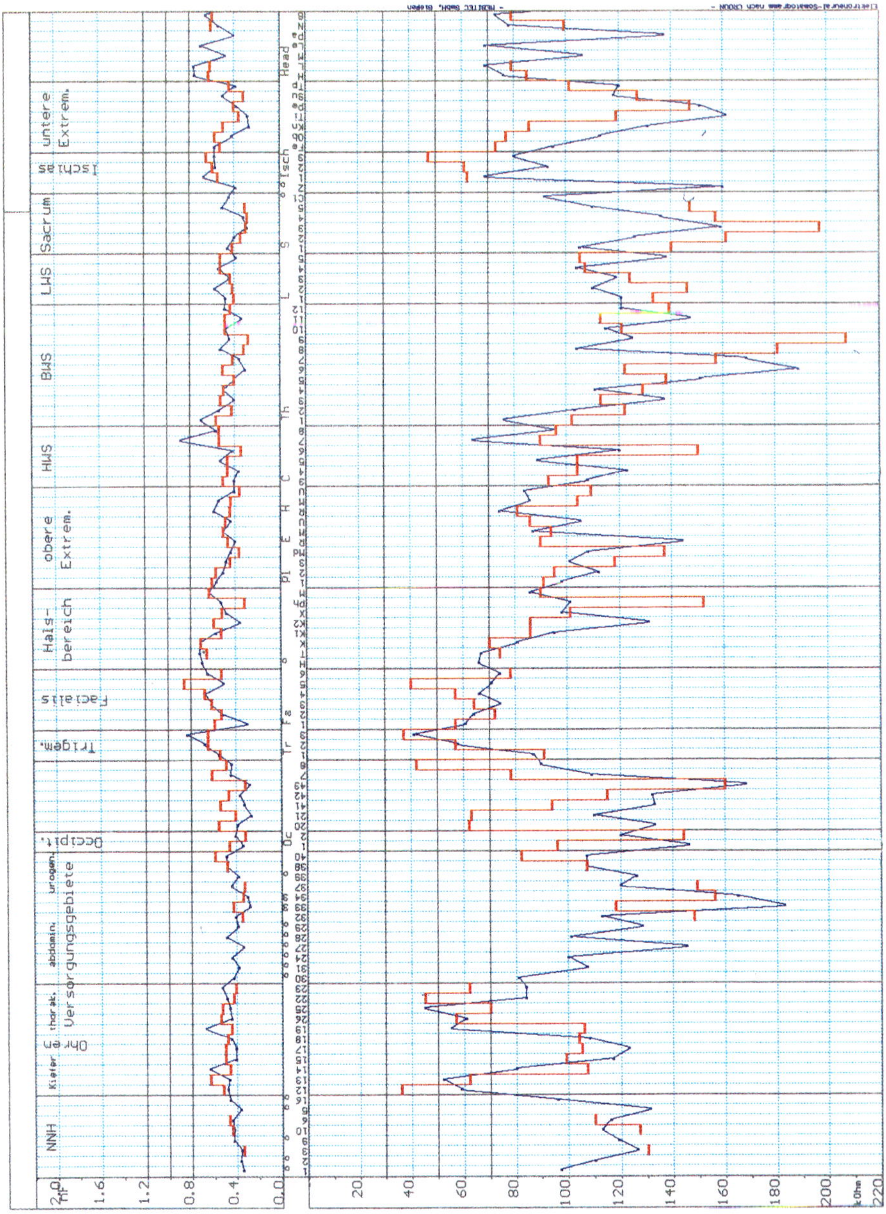

Frau K. M., geb. 1960: Chronische Darmerkrankung, Wirbelsäulenschmerzen.
Abb. 6: Test vom 7.11.1995

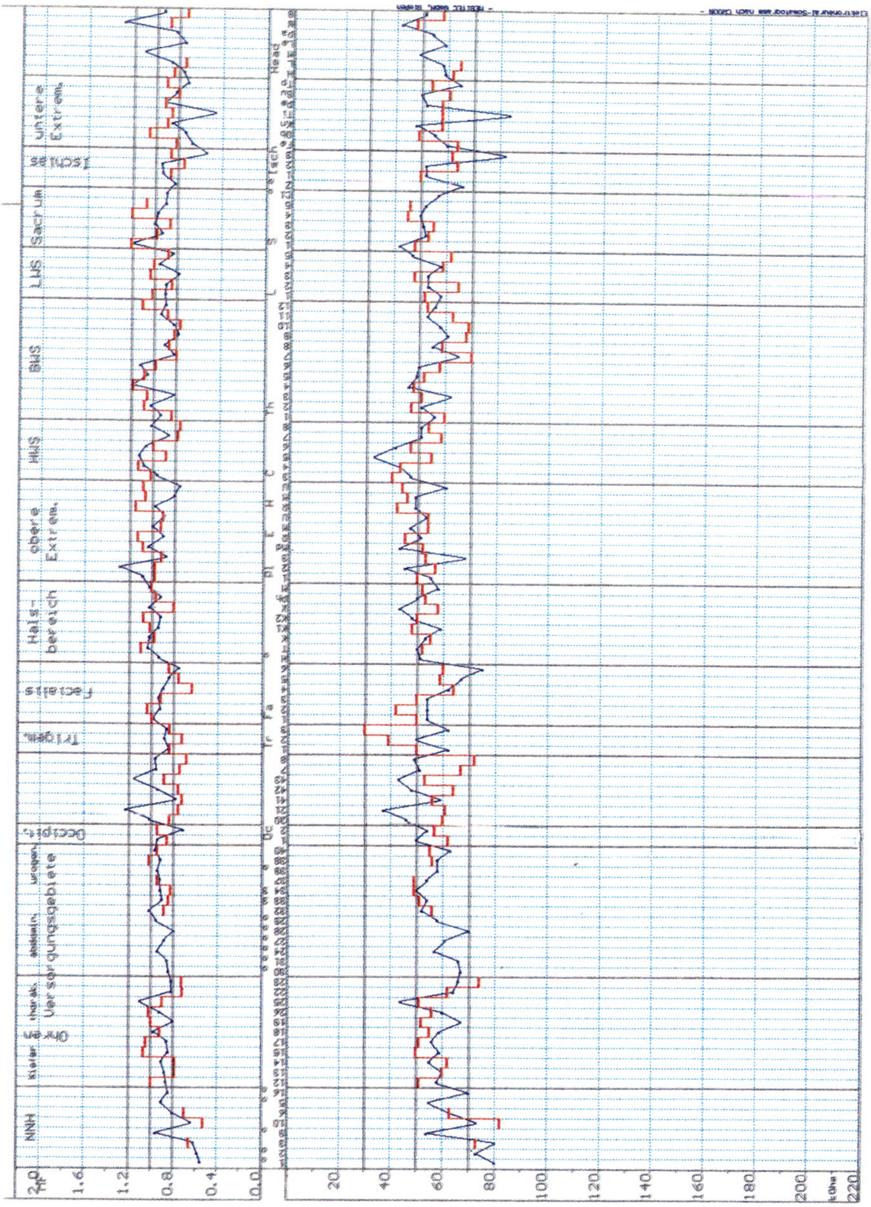

Abb. 7: Test vom 31.1.1996

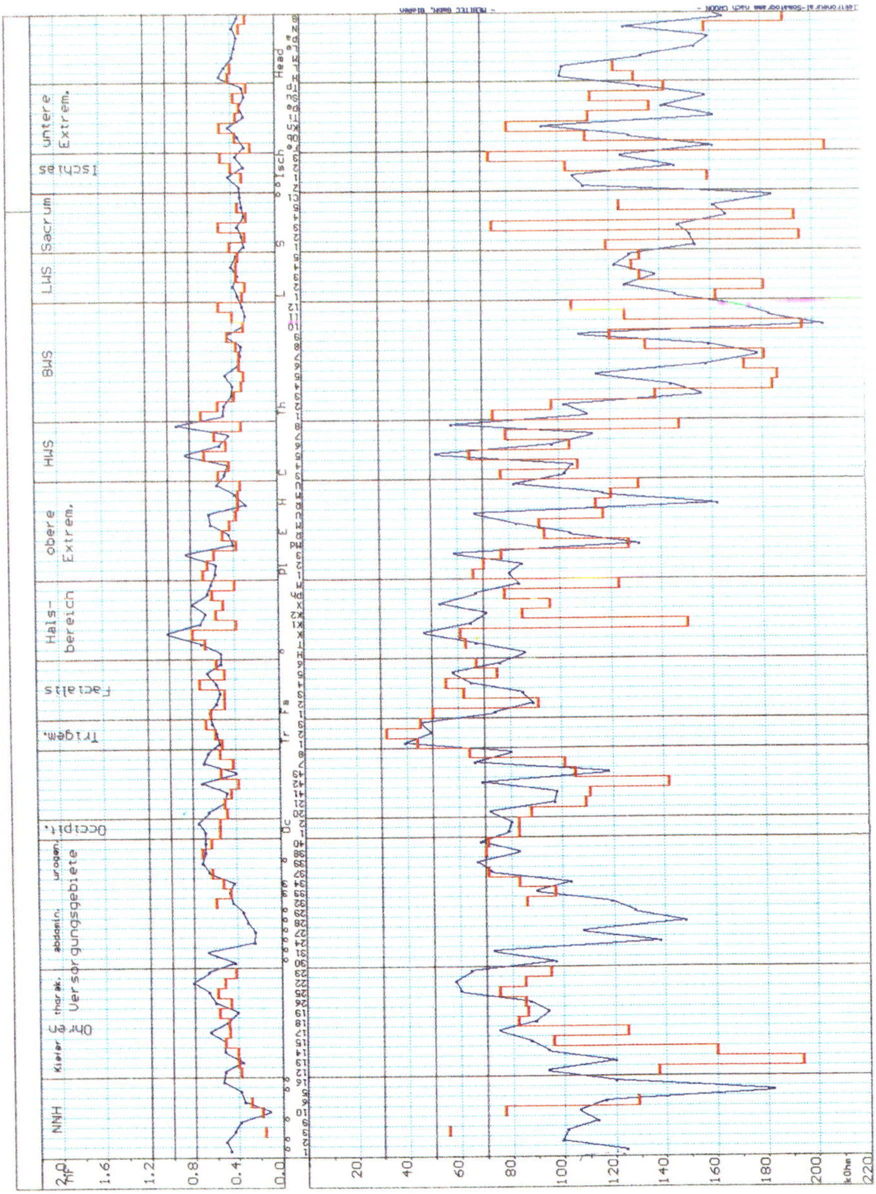

Frau K. S., geb. 1944: Verschleiß und Beschwerden der Gelenke und der Wirbelsäule, Angst, Depression, Zahn-Mund-Kiefer-Störfelder.
Abb. 8: Test vom 6.11.1995

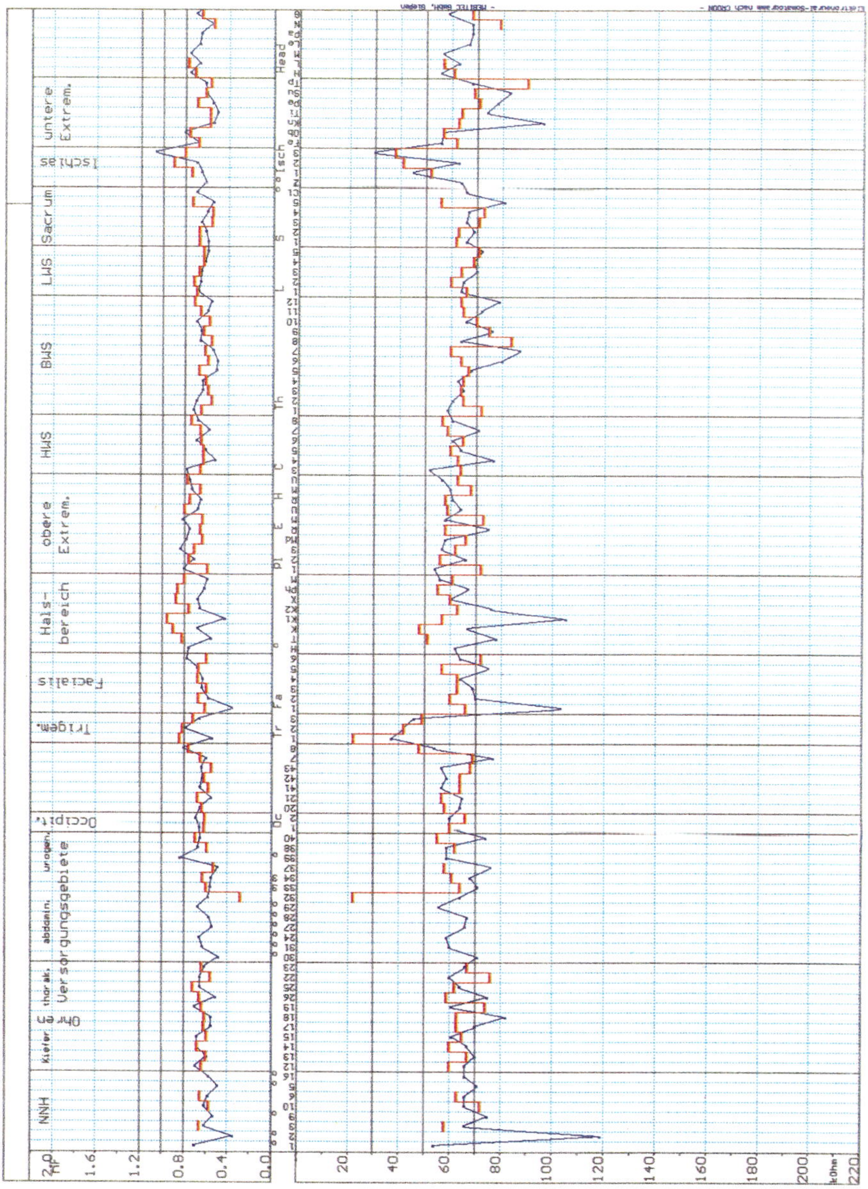

Abb. 9: Test vom 30.11.1995

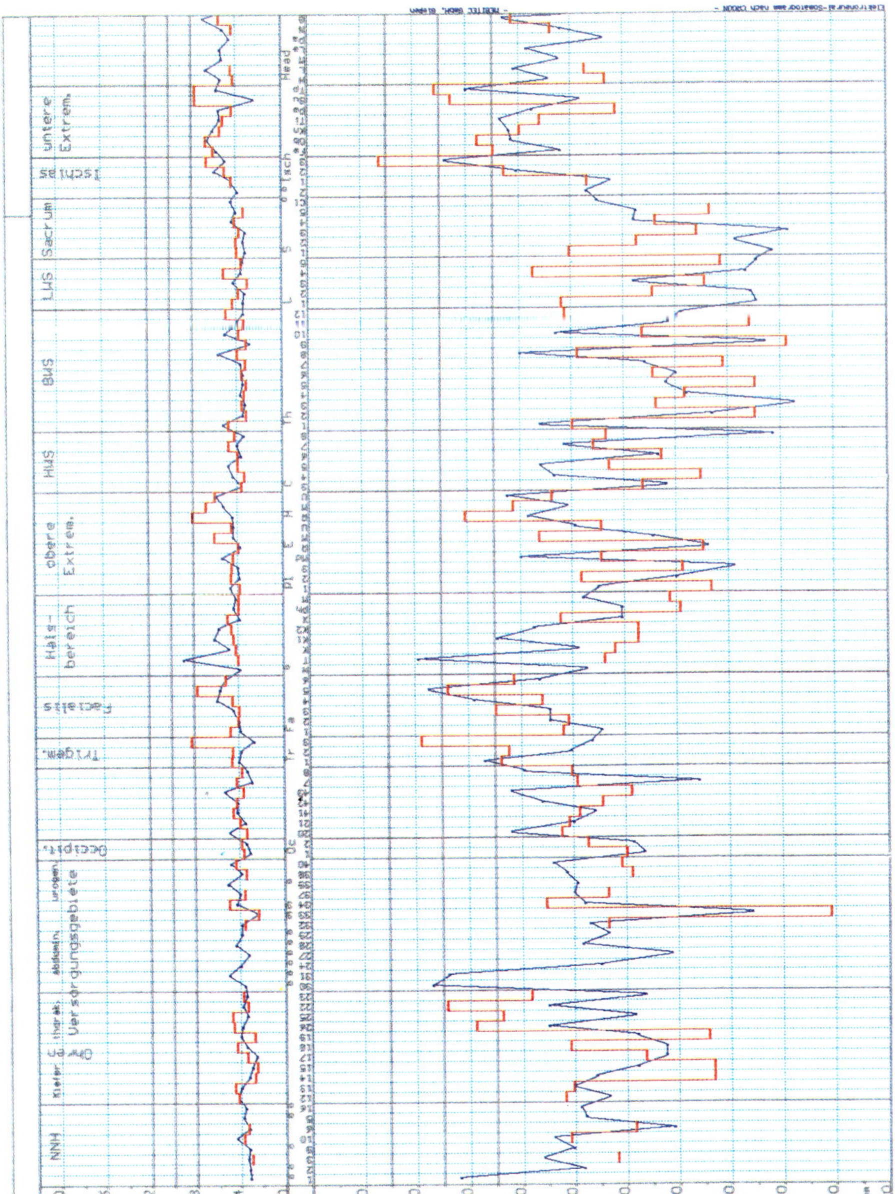

Frau H. E., geb. 1952: Zust. nach Operation eines Brustkrebs links, Metastasen im OP-Gebiet, am Skelett, in der linken Achsel (Lymphknoten) und in der Leber, körperlich-seelische Erschöpfung, Durchfall, Störfelder der Zahn-Mund-Kieferregion, Allergien.

Abb. 10: Test vom 2.1.1996

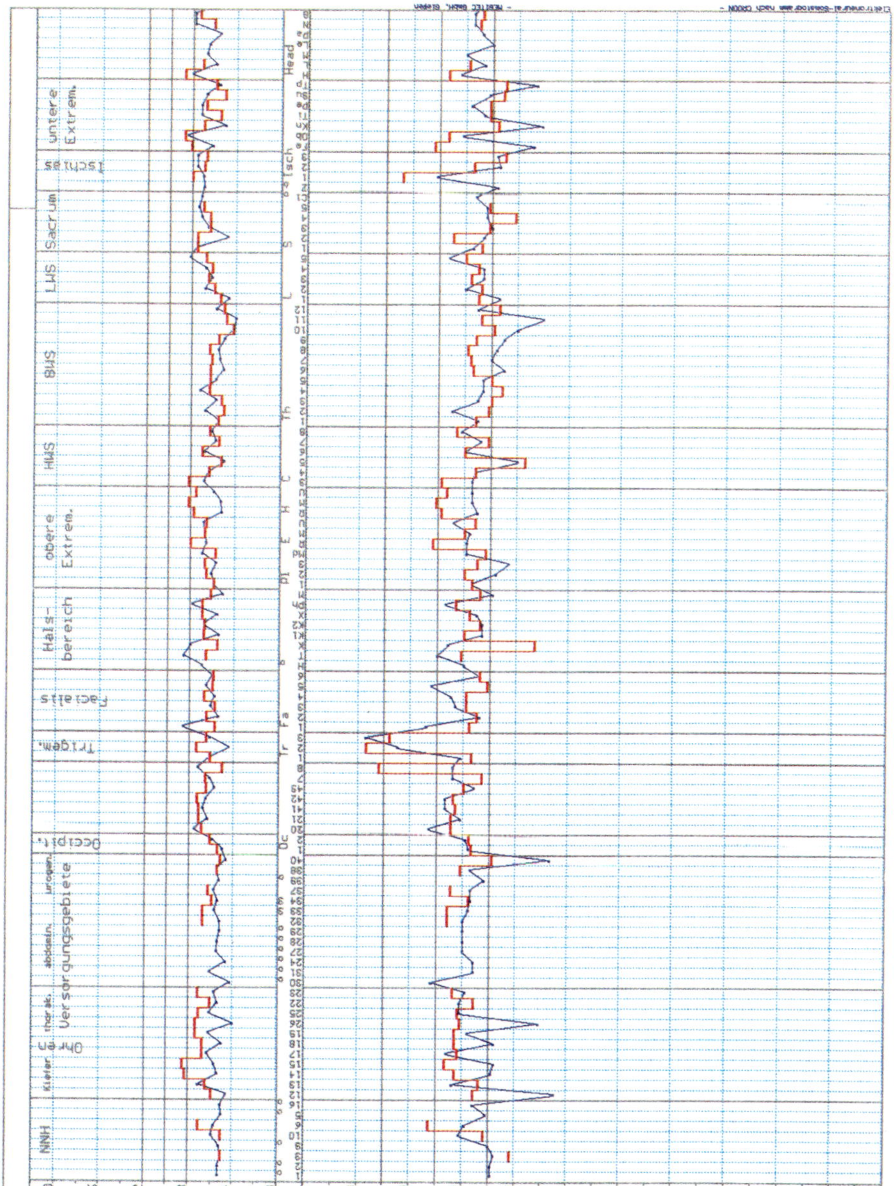

Abb. 11: Test vom 26.1.1996

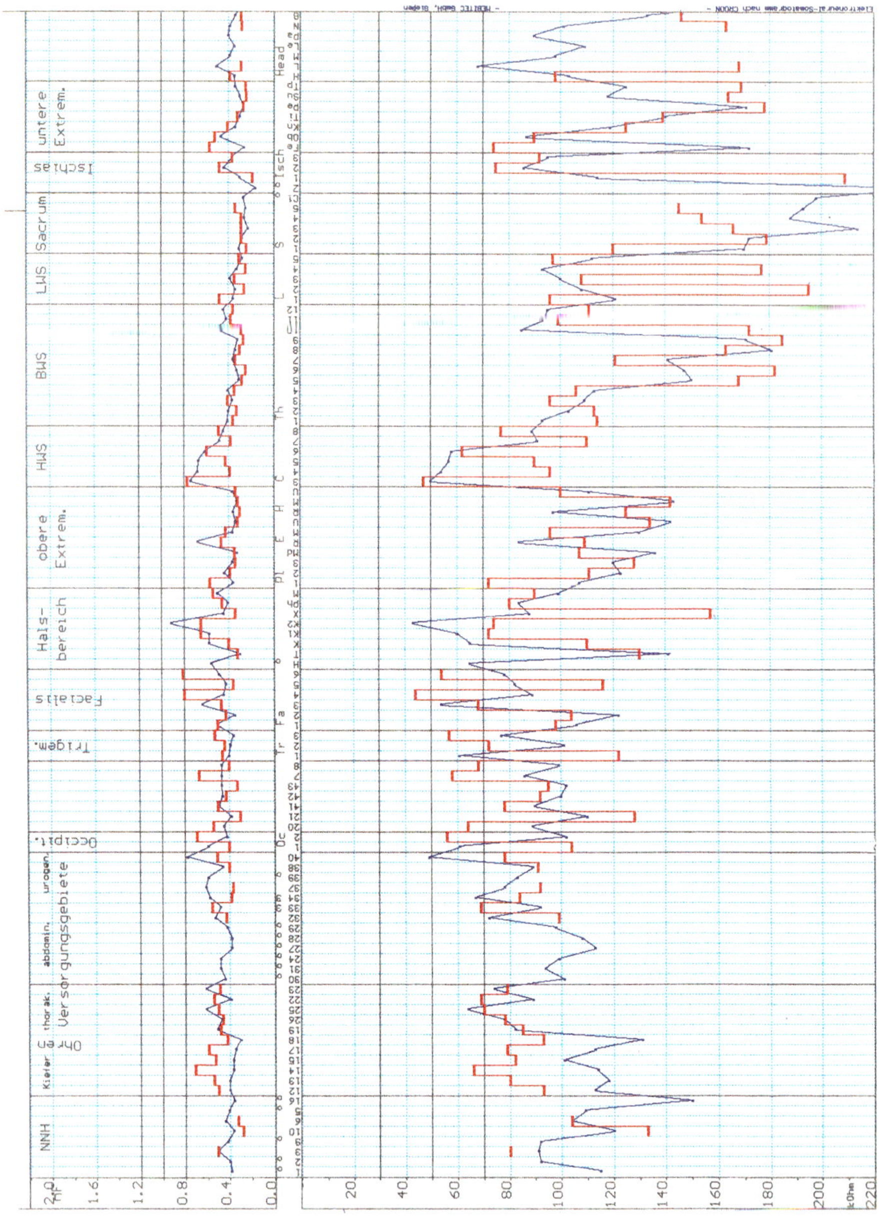

Frau K. G., geb. 1937: Akute Kreuzschmerzen mit Ausstrahlung in Ischias und Beine, degenerative Wirbelsäulenveränderungen, Hüftgelenkverschleiß, Migräne, körperlich-seelische Erschöpfung, Allergien, Bluthochdruck, Übergewicht, erhöhte Blutfettwerte.

Abb. 12: Test vom 24.1.1996

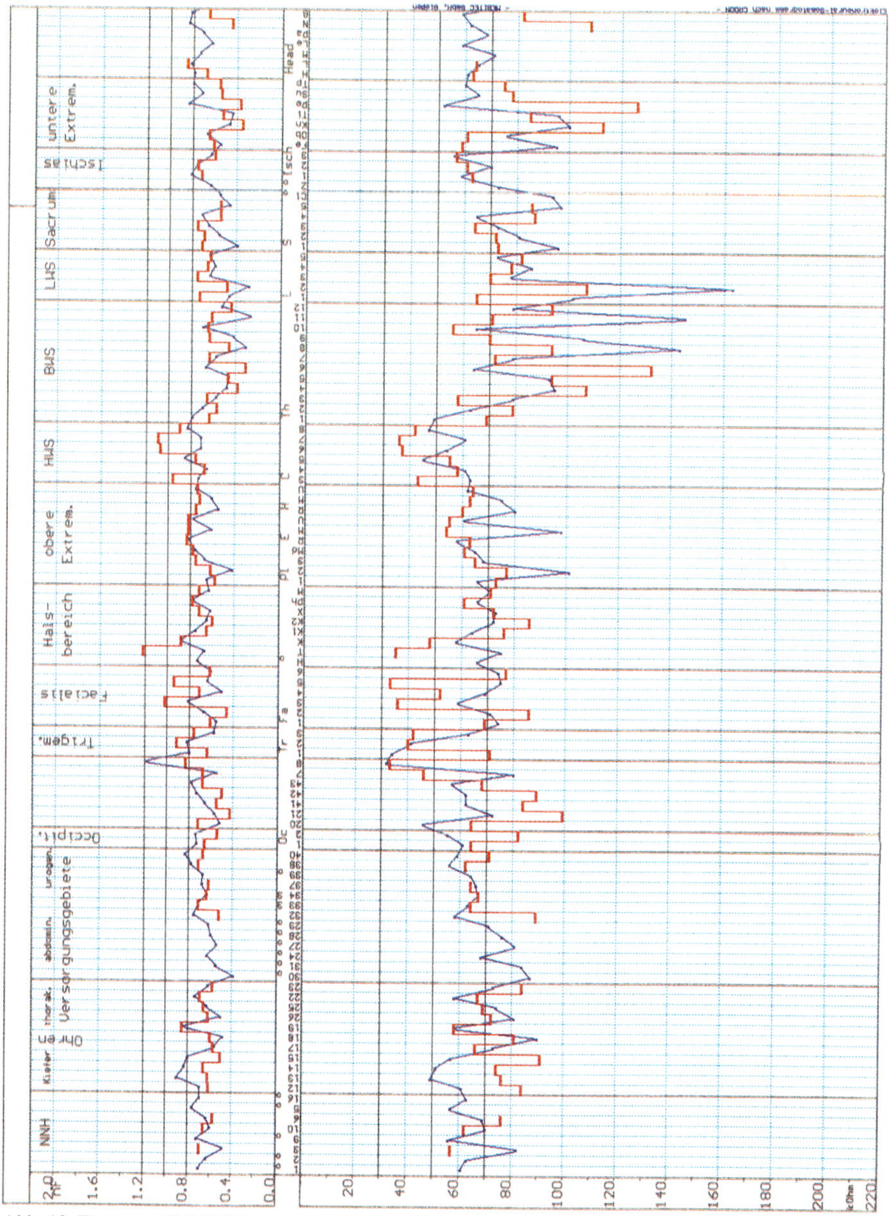

Abb. 13: Test vom 17.2.1996

Literatur

Aihara, H.: Säuren & Basen. Verlag Mahajiva. Holthausen/Ü. Münster 1988.

Berg, R.: Vollwerternährung für Mutter und Kind. 5. Auflage.

Berghoff: Bericht über den 4. Weltkongreß für prophylaktische Medizin und Sozialhygiene. Zeitschrift für ärztliche Fortbildung. **51**, 1 (1962).

Brecht, E. A.: Brecht Kochbuch. Für schlemmerhafte Anti-Krankheitskost. Der kompromißlose Weg zur Gesundheit, Brecht Verlag 1976.

Brecht, E.: Deine Ernährung ist Dein Schicksal. Brecht Verlag, Karlsruhe 1985.

Brenner, B. et al.: Dietary Protein Intake and the Progressive Nature of Kidney Disease N. Eng. Journal Med. **307**, 632 (1982) No. 11.

Das, S.: Ohne Inweltentgiftung keine ganzheitliche Therapie, Johannes Sonntag Verlag, Regensburg 1989.

Diamond, H. und M.: Fit fürs Leben, Goldmann Verlag 1988.

Ganter; G.: Darmentzündung und Darmgeschwüre. Neue dtsch. Klin. 8: 458.

Grant, D., Joice, J.: Food combining for health, Thorsons publishing group 1984.

Guttentag, O. E.: Nierenerkrankungen. Nephrosen. Neue dtsch. Klin. 8: 141 u. 142.

Hauswirth und Kracmar: Über die bioelektrische Natur der Nahrung. Erfahrungsheilkunde 6, 15 (1958) Karl F. Haug Verlag, Ulm.

Hay, W. H.: How to be always well. Manor books inc.

Hay, W. H.: A New Health Era. Pocono Haven. Pa.

Hay, W. H.: What price health. Hay system publications.

Heintze, T: Alles über die Haysche Trennkost, Falken-Verlag, 2. Auflage 1995.

Heintze, Th.: Die Haysche Trennkost bei chronischen Nierenerkrankungen. Ärztezeitschrift für Naturheilverfahren. Nov. 1990.

Heintze, Th.: Haysche Trennkost, Erfahrungsheilkunde 12 (1994), Karl F. Haug Verlag, Heidelberg.

Heintze, Th. (unter Mitarbeit von *M. Heintze* und *E. Lienert*): Wie bringt man Kindern gesunde Ernährung bei. Ärztezeitschrift für Naturheilverfahren. Februar 1991.

Holtmeier H. J.: Diät bei Übergewicht und gesunde Ernährung. 8. Auflage. Georg Thieme Verlag. Stuttgart 1986.

Klahr S. et al.: The Progression of Renal Disease. N. Engl. J. Med. 318, 25 (1988) 1657.

Knapp, A.: Ein Querschnitt durch die neueste Medizin, dargestellt von ihren Schöpfern (Dtsch. Ärztebl. 69, 51). Lehrbuch der speziellen pathologischen Physiologie für Studierende und Ärzte. Gustav Fischer Verlag, Jena.

Koerber, K. W. von, Männle, T., Leitzmann, G: Vollwert-Ernährung; vollkommen neu bearbeitete und erweiterte Auflage. Karl F. Haug Verlag, Heidelberg 1993.

Kollath, W.: Die Ordnung unserer Nahrung. 14. Auflage. Karl F. Haug Verlag. Heidelberg 1988.

Krishna, G. G. et al.: Protein-induced glomerular hyperfiltration: Role of hormonal factors. Kidney International. 33 (1988) 578-583.

Lidolt, E.: Vollwert-Trennkost, 5. Auflage. Veritas Verlag Linz, 1993.

Lutz, O.: Einfluß der Nahrung auf die Harnazidiät. Z. exper. Med. 4/6.

Medical-Tribune: Stoffwechselfaktoren hemmen antibakterielle Aktivität der Lunge. **4** (1967).

Menzel: Therapie unter dem Gesichtspunkt biologischer Rhythmen. Ergebnisse der physikaldiätetischen Therapie, Band 5. Steinkopf, Dresden und Leipzig 1955

Ornish, D.: Die Ornish Herzdiät, Kreuz Verlag, Stuttgart 1954.

Ornish, D.: Revolution in der Herztherapie, Kreuz Verlag, Stuttgart 1995.

Pischinger, A.: Das System der Grundregulation, 7. Auflage. Karl F. Haug Verlag, Heidelberg 1989.

Rauch, E.: Blut- und Säftereinigung, Milde Ableitungskur, 19. Auflage. Karl F. Haug Verlag, Heidelberg 1991.

Reinstein: Der kranke Darm. Sanitas-Verlag. Bad Wörishofen.

Sander, F. F.: Der Säure-Basen-Haushalt des menschlichen Organismus. 2. Auflage. Hippokrates Verlag 1985.

Slabber, M. et al.: Effect of a low-insulin-response, energy-restricted diet on weight loss and plasma insulin concentrations in hyperinsulinemic obese females. American Journal of Clinical Nutrition 1994/60/S. 48–53.

Straub, H.: Azidose, Neue dtsch. Klin. 1: 125 u. 127.

Summ, U: Die aktuelle Trennkost, Falken Verlag, Niedernhausen/Ts. 1993.

Summ, U: Schlankwerden nach Dr. Hay, Trennkost, Falken Verlag, 1988.

Walb, L.: Revolutionäre Erkenntnisse in der Gesundheitsführung. Münchner Medizinische Wochenschrift 51 (1940).

Walb, L.: Rheumaprobleme des Praktikers einst und jetzt. Erfahrungsheilkunde 457 (1956).

Walb, L.: Verhinderung der chemischen Gleichgewichtsstörung. Medizin heute. **8**, 1 (1959).

Walb, L.: Prophylaxe allergischer Krankheiten. Medizin heute. 11 (1961).

Walb, L.: Nierenerkrankungen und ihre Prophylaxe. Erfahrungsheilkunde, 10 (1962).

Walb, L.: Über den Einfluß sinnvoller Ernährung. Erfahrungsheilkunde **13**, 9 (1964).

Walb, L.: Die Haysche Trennkost. Physikalische Medizin und Rehabilitation **8**, 6 (1967).

Walb, L.: Über die Wirkung der Trennkost, besonders bei Nierenkrankheiten. Diaitia 6 (1967).

Walb, L.: Die Elektroneuraldiagnostik und -therapie nach Croon und die Bedeutung objektiv gemessener Daten für gestörte Körperfunktionen. Physikalische Medizin und Rehabilitation **9**, 7 (1968).
Walb, L.: Einfache Diätetik für den Praktiker – Erfahrungen mit der Hayschen Trennkost. Der Landarzt, Zschr. f. Allg. Med. **44**, 29 (1968) 1434ff.
Walb, L.: Über die Wirkung der Trennkost bei Diabetes. Physikalische Medizin und Rehabilitation **10**, 10 (1969).
Walb, L.: Messung des Zeitverhaltens des elektrischen Widerstandes und der Kapazität von Haut- und Reaktionsstellen im Tierversuch. Physikalische Medizin und Rehabilitation **11**, 1 (1970).
Walb, L.: Die Elektroneuraldiagnostik und -therapie nach Croon. Physikalische Medizin und Rehabilitation **14**, 9 (1973).
Walb, L: Elektro-Diagnostik in der Praxis. Erfahrungsheilkunde **24**, 4 (1975).
Walb, L.: Diät in der Herztherapie. Physikalische Medizin und Rehabilitation **17**, 8 (1976).
Walb, L.: Kurzreferat über das Croonsche Verfahren. Physikalische Medizin und Rehabilitation **18**, 6 (1977).
Walb, L.: Diskussionsbeitrag zum Thema: Viele Diätkonzepte – woran soll sich der Arzt in der Praxis halten? Physikalische Medizin und Rehabilitation **18**, 8 (1977).
Walb, L.: Entschlackung mit Trennkost – 20jährige Erfahrung. Physikalische Medizin und Rehabilitation **21**, 6 (1980).
Walb, H. L.: Ernährungstherapie mit Trennkost, Physikalische Medizin und Rehabilitation, 25. Jhrg., Heft 4, April 1984, S. 215–219.
Weise, D. O.: Harmonische Ernährung, 4. Auflage. Tabula Smaragdina Verlag, München 1993.

Neuere Sonderdrucke über Trennkost und Elektroneuraltherapie nach Croon von Dr. Walb werden Ihnen auf Wunsch von der Klinik Dr. Walb (Adresse siehe S. 224) zugesandt.

Klinikanschrift

Asklepios Klinik Dr. Walb
Am Hohen Berg 20
35315 Homberg/Ohm
Telefon (0 66 33) 18 20
Fax (0 66 33) 18 23 40

Rezeptregister

Rezept	KH	EW	Neutral	Seite
Spargel mit Sauce hollandaise und Petersilienkartoffel	x			64
Spargelreis	x			77
Spinat			x	137
Spinat, gebacken		x		145
Spinatauflauf		x		134
Steinbuttfilet, gebraten, mit Kräutersoße		x		110
Tomaten-Mozzarella-Teller		x		118
Tomatenbutter			x	171
Tomatensoße, pikant		x		156
Vanillecreme	x			184
Vanilleeis	x			182
Vital-Salat		x		119
Vollkornbandnudeln mit Schafskäse	x			80
Vollkornnudelauflauf	x			79
Waldorf-Astoria-Salat		x		164
Waldorf-Salat		x		163
Waldpilzcreme		x		154
Weihnachtsgans mit Elsässer Rotkohl		x		90
Weißkohl-Salat		x		165
Weißkraut mit Tomaten und Käse		x		142
Weißkrautbratlinge	x			68
Weißwein-Schnittlauch-Creme		x		151
Weißweinsoße		x		154
Wirsinggemüse			x	143
Wirsingrouladen mit pikanter Reisfüllung	x			72
Würzkartoffeln	x			60
Zucchinicremesuppe			x	126
Zucchini trifolati			x	138
Zucchini, gefüllt mit Kartoffelpüree	x			62
Zucchini-Melonen-Salat			x	166
Zucchinigemüse			x	138
Zuckererbsensalat			x	166
Zwiebelfleisch mit Zucchinigemüse		x		99
Zwiebelsuppe		x		127

Notizen

Notizen

Notizen

Notizen

Notizen

Notizen

Notizen